销售与口才

文斐 / 编著

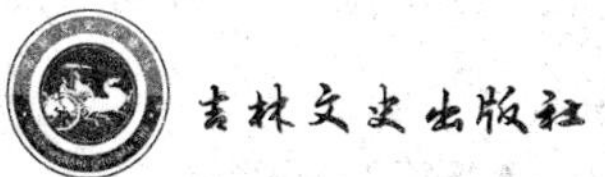

图书在版编目（CIP）数据

销售与口才 / 文斐编著 . -- 长春 : 吉林文史出版社，2019.2（2024.9 重印）

ISBN 978-7-5472-5994-8

Ⅰ . ① 销… Ⅱ . ① 文… Ⅲ . ① 销售 - 口才学 Ⅳ . ① F713.3 ② H019

中国版本图书馆 CIP 数据核字 (2019) 第 043381 号

销售与口才
XIAOSHOUYUKOUCAI

编　　著　文　斐
责任编辑　张雅婷
封面设计　末末美书
出版发行　吉林文史出版社有限责任公司
地　　址　长春市福祉大路出版集团 A 座
电　　话　0431-81629353
网　　址　www.jlws.com.cn
印　　刷　三河市龙大印装有限公司
开　　本　880 毫米 × 1230 毫米　1/32 开
印　　张　8
字　　数　145 千
版　　次　2019 年 8 月第 1 版　　2024 年 9 月第 2 次印刷
定　　价　36.80 元
书　　号　ISBN 978-7-5472-5994-8

前言

我们都知道，销售人员是靠嘴吃饭的，拥有好的口才，是说服客户、取得良好业绩的前提条件。

无论你是小职员还是大老板，当你面对客户的时候，必须做的一件事情就是交流。这种交流的目的性非常强，就是让客户对自己产生好感，说服他们对自己销售的产品感兴趣，最终促使销售行为得以顺利进行。做好了这一步，你的目的就会顺利地达成；但是如果做不好这一步，你将永远无法成为一名优秀的销售人员，获得好的业绩。

但是在现实生活中，很多销售人员尤其是一些销售新手总是不敢开口，或是不知道如何开口，即便开口了，也说不出让客户爱听的话和信服的话。所以，他们总是在销售活动中处于被动地位，不是业绩不佳，就是灰心地放弃了销售工作。

正因如此，销售人员要想快速打开成交的通道，就必须好好地修炼自己的口才，提高自己的销售技巧与话术。

销售前的备战是必不可少的。要知道销售的成功，80% 都在于之前的准备工作上。我们必须做好充分的准备，加强说话、发音等技巧的锻炼，做好话题方面的准备。当然，还必须注意自己的言谈举止、服饰打扮，给客户留下一个美好的印象，使自己成为客户心中最专业、最优秀的销售人员。

同时，想要让客户喜欢、说服客户信任我们，研究客户的心理，了解客户的真正需求是必不可少的。作为销售人员，我们要学会读心，根据客户的心理需求来考量说话的方式和内容；弄明白客户的痛点，有针对性地说服客户；让自己的话变得好听悦耳，恰到好处地打动客户的心。

正如一位优秀的销售人员所说的：“每一位行销人员都有一套独门销售秘诀与话术，如迂回战术、以退为进、暗度陈仓、攻心为上等法宝。”良好的口才以及沟通能力，是销售人员最基本、最重要的武器。《销售与口才》这本书分为七个部分，从备战、约见、会面、读心、推介、成交以及沟通中的禁忌七个方面入手，结合诸多典型案例，向销售人员展示了说话的技巧和销售的策略。这对于销售人员提升表达能力、打动客户的心有非常大的帮助。

同时，本书还针对某些问题，给予销售人员很多具体的建议，力求帮助销售人员突破沟通中的不足和盲点。相信在阅读本书的过程中，只要你能掌握说话的精髓，提高业绩就不会是问题了。

第 1 讲 Lecture 01 备战——没有准备，就准备失败

俗话说，台上十分钟，台下十年功。销售这份工作也是需要在“台下”苦练功夫的，只有准备充分，才能在短时间内更好地展现自己和产品，逐步打动客户的心，并且能够淡定自若地应对所面临的所有问题。而如果我们在见到客户之前毫无准备，不知道怎么说，不知道说什么，那就只能做好失败的准备了。

所以，做好充分的备战吧，接下来迎接你的将是完美成交。

第 2 讲 Lecture 02 约见——美妙的约见，是销售成功的一半

最简单有效的说服方式，就是面对面的推心置腹。想要做到这一步，销售人员必须能够成功地约见客户，找到进一步和客户沟通的机会。

可以说，美妙的约见，就是你销售成功的一半。那么，面对陌生的你，客户为什么会腾出时间来见你呢？这就需要你提高自己的口才和沟通技巧了！

第 3 讲 Lecture 03 会面——客户的第一印象，决定销售走向

客户是否与你成交，第一印象是至关重要的。在与客户的第一次见面中，销售人员的表现，诸如是否有良好的个人形象，是否面带笑容，自我介绍是否够精彩、吸引人，能否迅速找到谈话的切入点……这些都决定了谈话的走向，决定了成交的目的能否成功。

第 4 讲 Lecture 04 读心——了解客户心理，才能应对全局

客户的心思别乱猜，猜来猜去都有可能失败。面对性格迥异的客户，销售人员应该如何应对？

其实，这个问题很简单，只要我们学会了读心的技巧，了解了客户的性格和心理，就能想出应对不同客户的好计策；只要我们能够掌握正确的消费心理，并且站在客户的角度思考问题，就能够轻松自如地应对全局。

第5讲 Lecture 05 推介——进行完美宣传，拨动客户心弦

产品不会自己说话，销售人员就是产品的代言人。但是产品说明书那么复杂烦琐，销售人员怎么才能让客户听得懂、听得进去，并且被深深打动呢？这就考验销售人员的语言能力了。

简单来说，推介产品时，销售人员要做到：语言精练，要点突出，有节奏地把客户带入销售情境之中。

第6讲 Lecture 06 成交——见机行事，给客户非你不买的理由

如何促进成交，这是销售的关键一步，也是销售人员的最终目的。

做销售工作的人，应该学着做一个“小机灵”，既要懂得如何说，又要懂得如何听。不管遇到什么情况，都能做到见机行事，让客户心甘情愿地与你成交。

第 7 讲 Lecture 07 雷区——洞悉沟通规则，避免触犯忌讳

销售是一门学问，与客户沟通更需要技巧，千万不要踩到雷区。比如，不要和客户抬杠，不要向客户炫耀，不要得意忘形……只要躲过这些雷区，熟悉沟通规则，我们才能跟客户愉快地合作下去。

第 1 讲 Lecture 01

备战

——没有准备，就准备失败

Sales and Eloquence

俗话说，台上十分钟，台下十年功。销售这份工作，也是需要在“台下”苦练功夫的。只有准备充分，才能在短时间内更好地展现自己和产品，逐步打动客户的心，并且能够淡定自若地应对面临的所有问题。而如果我们在见到客户之前毫无准备，不知道怎么说，不知道说什么，那就只能做好失败的准备了。

所以，充分备战，迎接你的将是完美成交。

形象好坏，都是无声的表达

刚刚入行的销售人员，时常会有这样的困惑：

为什么在电话沟通的时候，客户已经表现了浓厚的兴趣，可一见面却又百般推辞呢？

客户非常喜欢我们的产品，可为什么我总是无法说服他们呢？

为什么刚刚见一面，客户就拒绝了我，就连讲解产品的机会都不给我？

事实上，这些问题的关键不在于客户，而在于销售人员自己。如果你恰好有这样的问题，不妨好好地检查一下自己，你的个人形象是否良好？你的仪表和装束是否得体？

如果你的个人形象出现了问题，不修边幅，邋邋遢遢，就会给客户留下很坏的印象，成交自然也就不可能了。

小郑最近想换一个大房子，因为过一段时间，他的宝贝女儿就要出生了。现在这个房子虽然环境不错，但他想要让自己的妻子和女儿过得更舒服、宽敞一些。

身边好心的朋友知道了他的想法，便说自己的表妹正好在一家房产中介工作，手里有不少好的房源。小郑心想：这倒省掉了自己很多麻烦，而且朋友介绍的肯定比其他人可靠很多，于是小郑便与朋友的表妹进行了沟通。而朋友的表妹也很热情，向小郑介绍了几个符合他要求的房子，还邀请他去店里看看，更详细地了解一下。

这一天，小郑兴致勃勃地来到朋友表妹工作的房产中介。一路上，他还很欣喜，想着如果买到心仪的房子，一定要好好地感谢朋友和他的表妹。但是当小郑见到朋友表妹的时候却愣住了：这个小姑娘穿着吊带小背心、破洞牛仔裤，脚上还穿着一双拖鞋。

小郑还是热情地和她打了招呼，但是却没有了看房子的心思，更不敢从这样的房产中介手里买房子。但是朋友的表妹并没有意识到自己的问题，她全程热情地介绍自己手里的房子，说一定会帮助小郑买到合适的。

对于她的介绍，小郑完全没有听进去，只想着赶紧离开。过了一会儿，小郑的电话响了，他就立即用这个借口离开了，之后再也没有联系朋友的表妹。

过了一段时间，那位好心的朋友在微信上问小郑："你不是着急买房子吗？怎么就去看了一次，就没有和我表妹联系了呢？"

小郑没有回答朋友的问题，而是问道："你表妹的业绩怎么样？"

朋友一头雾水地说："为什么这么问？不过我听说好像不

怎么好，可能是现在行情不好吧！”

小郑接着说：“行情可能是一方面的问题，但她自身的问题，不知她有没有考虑过？”

朋友听得一头雾水，小郑便索性打开天窗说亮话，真诚地对朋友说：“我建议你说服表妹注意一下个人的形象，在见客户的时候应该穿正装，即便不是正装，也应该大方合体。要知道，客户的第一印象是非常重要的，如果销售人员不注意仪表，怎能给客户留下好印象，赢得客户的信任呢？”

小郑停顿了一会儿，接着说：“你表妹手里的房子非常不错，服务态度也非常热情，可是衣着实在太随意了，显得一点儿都不专业，我不放心把买房子这样的大事交给一个这样的人。”

那个朋友却很不以为然，还认为小郑事儿真多，抱怨道：“你不就是买个房子吗？怎么还得要求人家一个中介姑娘穿正装？现在天气这么热，女孩子穿得凉快点儿有什么呀！再说了，人家手里的房子好，难道还愁找不到买主！”

听了朋友的话，小郑只能摇了摇头，不再与其争辩了。

事实上，小郑说的话非常有道理。在销售过程中，形象的好坏真的至关重要。良好的形象，不仅可以凸显你的气质，更能赢得客户的好感和信任。毫不夸张地说，销售员个人形象的好坏，直接关系到销售结果的成败。

所以，销售人员应该把打造个人形象当成工作的一部分，在与客户见面之前，好好地准备一下，在衣着打扮、言行举止方面给人留下一个良好的印象。

1. 穿着得体，不要太随意，更不能邋邋遢遢

得体的衣着对于销售人员来说，就好像是一张漂亮的名片，直接展示了你的形象和素养。作为一名专业的销售人员，在见客户的时候，必须根据自己的行业、见面的场合选择合适的衣着，如此一来才能得到客户的接受和认同。

比如，你到客户办公室去拜访，就应该穿衬衣、皮鞋，一旦你随意地穿了 T 恤、运动鞋，就会给人不正式、不专业的感觉。客户会觉得你不重视这次会面，之后的沟通就会很困难。

再如，与客户见面的时候，衣着要整洁、干净，不能让衬衣有太多的褶子，也不能出现污渍，否则会给客户以邋邋遢遢的印象。

2. 服饰的搭配必须和谐，不要太另类

很多时候，销售人员没有必要穿正装，但是服饰和搭配也不能太个性，更不能为了追求新奇而把自己打扮得不伦不类。同时，销售人员的衣着和装饰要符合自己的职业，适应客户的年龄。

不妨看下面一个小故事：

一位妈妈想要给两岁多的宝宝拍摄一套写真，于是来到一个大型的儿童摄影机构。这家店面是新开张的，环境优美，充满童趣，工作人员也非常温柔热情。

可给孩子做造型的时候，这位妈妈却愣住了。原来这位造型师穿着黑T恤，染着红头发，耳朵上还戴着一个大大的耳环。看到这样“怪异”的叔叔，孩子被吓坏了，直躲到妈妈的怀里不出来，说什么都不愿意做造型。

别说孩子了，就是这位妈妈看到这样的造型师也有些排斥，她很快就抱着孩子离开了。

3. 言谈举止要大方，不良的言行会坏了你的事情

给客户留下良好的第一印象，除了销售人员的衣着得体外，还有个人的一言一行。拜访客户时，销售人员的一个小小的不良举动，或是一句不恰当的话语，就会给客户留下不好的印象，促使销售工作提前失败。

比如，不礼貌的用语，说话有些没有分寸，或是神情太紧张、说话时吐沫星子四溅，还有站姿和坐姿都不恰当、说话摇晃身体等。这些不良的言谈举止，都会让客户心生厌恶，对你退避三舍。

所以在进行销售工作之前，我们要做好充分的准备，加强言谈举止的训练，并且随时随地注意言谈举止，把自己最好的

形象展示出来。

俗话说，不打无准备之仗，不打无把握之仗。既然我们知道了个人形象的重要性，就应该提前做好准备，以便给对方留下良好的印象。

让发音悦耳，起码不能刺耳

很多人都接到过销售人员打来的推销电话，如果销售人员声音动听悦耳，语调轻快自然，我们就很可能有兴趣多了解一下。可如果销售人员的声音混沌不清，或是尖利刺耳，我们很可能会毫不犹豫地挂掉电话。面对面的沟通，也是如此。

可以说，在销售过程中，动听悦耳的声音可以给人留下很好的第一印象。而声音的高低起伏变化，以及语气的轻重，都会让所说的话更具有感染力，更吸引客户的注意和认同。

卡耐基在创业之前曾经做过一段时间的某语言培训学校的销售。课程内容说起来会让人感觉冷门，但是这难不倒他。有一次，他就把这个课程卖给了在路上偶然遇到的一名工人。

这一天，卡耐基出门寻找客户，可花费了很长时间都没有什么收获。到了中午的时候，他决定先回家吃个午饭，下午再继续工作。就在离家不远的地方，他看到一名工人正在一根电线杆上忙碌着，显然是在维修电路。路过这位工人的时候，卡耐基不禁放慢了脚步。

恰好，那名工人一个不小心把手里的工具掉到了地上。卡耐基顺手帮助工人把工具捡了起来，当工人客气地向他表示感谢时，卡耐基不在意地摆了摆手。随后，他还和那名工人攀谈起来，用关心的口吻说：“朋友，你这个工作看起来真不容易，真是辛苦又危险啊。”

那个工人一边忙碌着，一边说道：“先生，您说得太对了，这并不是一件轻松的工作。”

之后，卡耐基突然提高了声音，说：“我有个朋友也是做这个工作的，之前他也有和你一样的想法。但是现在他改变了这个想法，说这个工作其实很简单。”

“居然还有人觉得这个工作简单？”工人惊讶地反问道。

见工人有所怀疑，卡耐基用认真严肃的声音说：“没错，他现在非常享受自己的工作，一点儿都不觉得辛苦，因为他为自己买了个超值的‘礼物’！”

这时，那名工人的好奇心更重了，一下子就从电线杆上爬了下来。他急切地问道：“究竟是什么神奇的礼物呢？”

卡耐基微笑了起来，随后用轻松的口吻说：“并不是你想象的那种礼物。他利用业余时间参加学习了一个课程，那就是电机工培训。之后，他找到了工作的诀窍，完全可以轻松地工作，并且能享受到工作的乐趣。”

结果可想而知，那名工人非常高兴地从卡耐基那里购买了这门课程。

卡耐基的成功不是没有道理的。仅仅是偶然遇到一名忙碌的工人，仅仅是闲聊了几句，就能成功地卖出自己的产品。这真的是太神奇了！当然，这里面有卡耐基所运用的销售技巧。这次的成交与他富有变化的声音也是分不开的——他通过声音的变化，成功地勾起那名工人的好奇心和购买欲。

一开始，他运用了真诚平缓的声音打招呼，用关心的口吻询问对方是否辛苦，这很快就赢得了对方的好感。然后，他提高了音量，说起了朋友的故事，从而成功地吸引了客户的注意力。等到对方的好奇心被激起的时候，卡耐基又运用认真的口气证明了事情的可信性，从而博得对方的信任。

可以说，在与客户沟通的过程中，销售人员说话的声音是非常重要的。悦耳动听且富有变化的声音，可以让客户产生好感，拉近销售人员与客户之间的距离。所以，从事销售工作的人员一定要掌握说话技巧，即便不能做到声音悦耳，如广播腔一样，也要力求让客户听得舒服。

具体来说，应该注意以下几点。

1. 认真学好普通话，做到字正腔圆、吐字清晰

销售人员要面对很多客户，需要向客户详细地讲解产品的

细节。如果我们说话发音不准，吐字不清晰，就会影响到沟通的顺利进行。

所以，销售人员必须学好普通话，做到发音准确，吐字清晰；声音洪亮清越，铿锵有力，悦耳动听；还要有一定的响度，不能太小。同时，还要做到声音优美、动听，这样一来，客户才能产生爽心悦耳的感觉，并产生好感。

需要注意的是，在沟通过程中，销售人员要避免使用方言，这会让你显得不专业，更让对方听得云里雾里。不过，如果客户刚好是你的老乡，你可以用方言闲谈一番，但是介绍产品时必须使用普通话，以免产生歧义。

2. 说话时，注意语气的变化

在与客户沟通的时候，销售人员还应该注意语气的变化，知道什么时候应该用严肃的语气，什么时候用轻松的语气，什么时候要提高音量，什么时候应该降低音量。

不同的语气，表达的情感和含义是有所区别的。在闲谈的时候，我们应该用轻松的语气，让声音变得轻柔一些；介绍产品的时候，我们应该用认真严肃的语言，让自己显得更专业、认真；而遇到需要强调的地方，我们就可以适当地提高音量，加重自己说话的语气。

想要抓住客户的心，激起客户的好奇心和购买欲，我们就应该像讲精彩的故事一样，巧妙地变换语气和语调，让自己的话更具感染力。

3. 情真意切，让声音听起来更有感情

销售工作不仅仅是平铺直叙地向别人介绍产品，然后再询问对方买不买。如果是这样的话，你的销售肯定会失败。

虽然我们不需要用做作的声音和客户说话，但也不能让自己的声音变得呆板冰冷，没有丝毫的感情。要知道，任何的沟通和交流活动都需要说话者富有感情，这会让我们的话语因为富含感情而变得真切。所以，我们要学会通过语气和声调的变化，以及适当的停顿来表达自己的感情。

总之，想要成功，就要努力地练习说话的技巧，让自己的声音更悦耳、更富有感染力！

语速、语调的职业化训练

销售是一种说服他人的艺术，绝不是一两句话就能完成的，它需要一定的技巧和策略。这个技巧不仅体现在话术上，更体现在说话的技巧上。在众多的技巧中，销售人员对于语速和语调的掌握是非常重要的。

适当的语速和语调，对于销售工作来说，就是一个很大的

加分项。同样是销售，如果销售人员能够使用恰当的语调和语速，注意说话的轻重缓急，就可以尽快地抓住客户的心，实现成交的目的。如果一个销售在说话的时候，从头到尾都是一个语速，不紧不慢，语调也没有什么变化，那就只能让客户昏昏欲睡，更别提什么产生购买欲望了。

所以，在销售过程中，在语调和语速方面进行职业化训练，是每一个销售人员的必修课。只有做好了这个准备，你的话语才能起到不一样的效果。

小远大学毕业后，成功地应聘上了一家知名企业的市场销售。年轻、富有激情的他，自信能够成为这个领域中做到最好、最出色的营销人才。

可是刚刚进入公司，小远就遇到了一个问题，而这个问题成为他成功道路上的障碍。原来小远是一个慢性子，说话总是不紧不慢的。即便遇到了比较紧急的事情，他也很难加快自己的语速，让人感到非常焦急。而且，由于这个缺点，他说话的时候也几乎没有什么声调高低的变化。可以说，他说话总是没有轻重缓急，更是缺少了一些抑扬顿挫。

正因为如此，每次与客户交流的时候，他刚说了几句话，客人就不耐烦地摆摆手，说自己不需要他的产品。这让他感觉非常懊恼，但也只能无可奈何地安慰自己："性格是天生的，说话习惯是长期养成的，我也没有办法，还是在其他方面努力吧。”所以，他也没有刻意改变自己的语速语调，而是开始刻苦地练习销售话术。但遗憾的是，他的业绩并不好。

过了一段时间，小远的公司组织业务培训，让当季的销售精英分享成功的秘诀，并进行现场模拟销售。这一次，小远可抓住了机会，希望能够提升自己的业务能力。经过细心的观察，小远发现那些成功的同事一开口就仿佛拥有了一种魔力，能够迅速地抓住自己的内心，让自己更愿意听下去。

随后，小远反复地思考了一阵，他终于找到了问题的关键：那些销售精英们说话都有一个共同点，那就是语速有快有慢，会根据所说的内容而变化；语调也是有轻有缓，抑扬顿挫。

发现了这个关键问题，小远立即行动起来，决定改变自己的说话方式。他利用业余时间报了一个语言训练班，专门训练说话的技巧。在平时，他还时常在家训练，模拟与客户说话的情形。

经过三个月的训练之后，小远果然有了很大的改变，掌握了说话语速和语调变化的技巧。不仅如此，他的表达能力也更流畅清晰，业绩直线上升。

所以，想要成为出色的销售人员，就应该提升自己的专业技能，而语速和语调的职业化训练是必不可少的。

1. 训练呼吸和发声，让自己的发声更专业

大多数人说话时，都是运用胸式呼吸法。而这种呼吸方法有一个缺点，那就是声线比较松散，力量也不均匀。

如果我们平时说话运用这样的方式，倒是没有什么影响。可和客户沟通的时候，运用这样的发声方式，就会让声音听起来并不是那么舒服，感觉语速和语调都非常随意。

如果销售人员运用了腹腔式的呼吸方法，在吸气的同时放松身体，把空气吸到肺里，就能发出均匀而稳定的声音。在此基础上，我们再调整说话的发音就会比较容易了。

同时，销售人员还要注意发声共鸣的训练，即以口咽喉为中心，以丹田为支撑，吸气缓慢平和。这样一来，说话的声音就会字正腔圆、气息均匀。

2. 控制自己的语速，调整说话的缓慢和轻快

案例中的小远，说话慢慢悠悠的，该快的时候不快，该慢的时候不慢，自然不会对客户产生什么吸引力。如果遇到了一个急性子顾客，见他不紧不慢地说了一堆还没有进入重点，恐怕早就打断了他的话，甚至毫不留情地离开了。

所以，销售人员一定要掌控好说话的语速，在自我介绍和闲聊的时候，语速可以轻快一些。而在介绍产品的时候，语速

要放慢一些，因为语速太快容易让客户听不清楚。同时，如果我们要强调产品的某一特性，或是引起客户的注意，就应该再放慢一些语速，同时加重语调。

一般情况下，销售人员的语速应该保持在 120—140 字 / 分钟，并且能够根据客户的语速而调整自己的语速。

3. 控制语调高低变化，让自己的话更富有感染力

语调有高、中、低的区别，不同的语调可以体现不同的情感，也可以起到不同的效果。

我们在说话时还会运用到平调、升调、降调和曲折调，而这些语调则体现了陈述、疑问、感叹等情感。比如面对客户时，销售人员会用较为平缓的语调说："您好，我们公司新推出了一个产品，现在我给您做一个简单的介绍，好吗？"如果有疑问的话，销售人员就会提升自己的语调，说："您对于这个问题是否还有问题？"

因此，销售人员在与客户沟通时，一定要做到抑扬顿挫，富于变化。一旦你说话音调过于平淡，就像是录音机播放声音一样，就会缺少生气和感染力。

总而言之，既然销售是一门说话的艺术，考验了销售人员的口才，我们就应该下点儿工夫好好修炼一下自己的说话方式，让说话的语速、语调更专业、更恰当。如此一来，我们才

能说出更精彩的话，达到与客户完美沟通的目的。

多一份构思，就多一份谈资

销售人员要想做得优秀，就应该在“台下”充分地提升自己。只有拥有了充分的知识储备，才能让你在与客户沟通时表现得更专业、更优秀，让客户产生信任感。只有提升自己的说话水平，才能轻松自如地与客户交流。

当然，除了提高自己的业务水平，销售人员还应该多了解自己所从事的行业、新闻要事、名人逸事、地方风俗等内容。或许有人会说，作为销售人员，我们只要让自己变得更专业就好了，为什么还要花费心思了解这些“无用”的东西呢？

可是这些东西真的没有用吗？不，如果你有这样的想法，那就大错特错了。

在销售过程中，我们不可能直截了当地向客户推销产品，更不能生硬地说：“你好，我们的产品很不错，它……您是否愿意购买。”这样做的结果，很大的可能就是遭到客户的拒绝。所以在进入正题之前，我们不可避免地要找一个沟通的切入点，活跃一下气氛。这个时候，客户关心或是感兴趣的话题就会起到至关重要的作用。找到一个不错的话题，能够让你和客户之间迅速产生共鸣。

小丽刚刚结婚，想要和爱人一起去旅游度蜜月。对于刚结婚的夫妻来说，这无疑是增加感情的好方式。小丽夫妻又恰好都是旅游爱好者，所以便来到一家旅行社询问相关事宜。

但是，那段时间很多旅游热门景点都出现了不良事件：一旦游客不购物，就会被当地导游骂脏话；女子在景区吃饭，也会被几个年轻人暴打毁容；导游出尔反尔，对游客强收小费……

在咨询的过程中，销售人员看出小丽虽然很想到那几个著名的旅游景点游玩，可又有些顾虑安全问题，担心自己向往的蜜月旅行变了味道。这时，这位销售人员并没有刻意回避这个问题，而是主动地把这个问题提了出来。

销售人员说："现在是旅行旺季，很多地方的景色都是不错的。不过，最近也发生了很多不好的事情，让旅行者有些顾忌。您二位是不是也看到过这些新闻？是不是也因为这些事情而感到不安？"

小丽见销售人员主动提到这个话题，立即关心地问道："那些新闻报道说的事情都是真的吧！你们做旅行社的肯定知道点儿内幕，能和我谈一谈吗？"

那位销售人员认真地说："那几个新闻都是真的，我通过报道了解了一些情况，也从熟悉的朋友那里知道了一些详情。我知道，那些骂人的导游是个例，那些强制游客购物的公司也都是不正规的，现在他们都已经受到了严重惩罚。我们公司非常正规，根本不会发生类似的事情。”

小丽还是有些犹豫：“这些事件真的就是个别事件吗？”

销售人员接着说：“虽然那些事件确实存在，但是我们整个旅游行业还是非常正规的。而且，主管部门已经对不正规的旅行社进行了整顿，行业内部也进行了调整。如果您二位因为个别事件而取消行程，那就有点儿可惜了。”

看到小丽的态度发生了转变，他继续说道：“既然您二位选择了我们，我们肯定会为您提供最好的服务，让您旅行愉快，不会出现那些骂人、强制旅客购物的情况。虽然我们的收费高了一点儿，但是保证让您拥有一个美好难忘的旅行。”

听着销售人员的分析，小丽很快就放下了顾虑，选择了销售人员推荐的几处景点。

试想，如果这个旅游公司的销售人员没有充分的准备，对行业内的新闻和评论一点儿都不了解，也不会主动地谈及客户所关心的话题，这单生意就难以达成了。而这个销售人员却利用新闻事件，用跟客户推心置腹地交流的方式，很容易引起双方的共鸣。因为客户往往关心与自己利益相关的新闻事件，想要听听业内人士的分析和消息。只要你抓住了这个话题，站在自己的立场上，分析出利弊，那就会赢得客户的信任。所以，销售人员平时应该多了解自己行业、专业内的新闻，做好充分的准备。

除此之外，销售人员还需要尽可能多地了解生活各方面的资讯和知识，设想面对客户时可能会谈及的话题。因为你多了解了一些事情和知识，在与客户交流的时候就多了一个话题和谈资，就多了一个引起客户注意的机会。自然地，你成功的概率就提升了一点儿。

小菲是一家车辆保险公司的销售员，她平时热情大方，很受客户欢迎。可这并不是小菲业绩突出的主要原因，最主要的原因是她总是能够和客户有话聊。

一次，小菲向一位张先生推销车险，可张先生却认为自己的车是二手的，并不贵，再多交一份保险费纯属浪费。

小菲第二次拜访张先生的时候，赠送了他一个公司的小礼物，随后还和张先生闲聊起来。她不经意地说："张先生，前几天你们公司前面的马路上发生了一起事故，不知道你听说了吗？"

"什么事故，你说说看？"张先生问道。

小菲说："我看新闻说，一辆帕萨特把一辆豪车追尾了，帕萨特那方要负全责。听说光修豪车的钱，就能买一辆帕萨特了。"

听到这个话题，张先生也来了兴趣，说道："我听说了这件事情，我一个同事还目睹了整个过程。不过，这件事情双方都挺倒霉的，豪车车主也不愿意自己的车被撞！帕萨特车主花了大笔的钱，如果拿不出钱来，岂不是要把车卖了？"

小菲笑了笑，说："那倒是不用，因为那个帕萨特车主买了保险，这钱都是保险公司出的。可见，这个保险还真是非常有用的。因为不管你自己是什么样的车，谁都不能保证自己不蹭着别人，或者不被别人蹭着啊！您说是不是？”

张先生听完这一席话，半天没有说话。他心里想：虽然自己的车是二手的，没有花多少钱，但是万一蹭到别人的车，就像那个帕萨特车主一样，到时岂不是尴尬了？想到这儿，张先生当天就向小菲买了一份车险。而小菲也没有给他推荐很贵的业务，而是推荐了一个非常合适的套餐。

作为保险销售员，小菲非常聪明。她知道张先生抗拒购买车险，所以在第二次见面的时候，她并没有强推自己的产品，而是换了一种方式。她把自己知道的新闻当作一个谈资，打消了张先生的排斥心理，然后再利用这个新闻让他知道购买车险的重要性。这样一来，交易自然就达成了。

所以，很多时候一个谈资要比销售人员的一百句话更有效果。在销售过程中，销售人员要懂得寻找谈资，制造谈资，这是销售备战中不可或缺的一步。

1. 熟练掌握自己的产品，掌握行业内的知识和新闻

隔行如隔山，了解行业知识，对于销售人员来说非常重要。所以，见客户之前，我们应该熟练掌握行业和产品知识，多了解行业及相关行业的新闻动态。否则，在与客户交谈的时

候，我们要说什么，要怎么说服客户？

同时，每个人对自己的产品理解不一样，销售人员不能呆板地把说明书上的东西背给客户听，而是应该努力消化和理解这些东西，把它们转化成自己的知识储备。

2. 了解基本常识和新闻事件，了解客户茶余饭后的谈资

我们和朋友见面，如果没有什么话题可聊，那就会是一场不欢而散的约会。和客户见面，同样是如此。

在和客户见面时，我们除了要介绍产品，还需要相互寒暄、闲聊来拉近距离，打破尴尬。而聊天的内容，没有人会给你说明书或者教科书，纯粹要靠自己的随机应变和平时的知识积累。

如果双方对某个新闻的看法一致，那么交谈就会很融洽；如果双方都关注了近期的某个事件，那么就会很快找到共同话题。

3. 了解客户的兴趣爱好，找到共同的话题

在见客户之前，销售人员必须提前了解客户的兴趣爱好，做好功课。见面的时候，把客户的兴趣爱好当成话题，就能很快地引起客户的共鸣。

总之，销售的成功与否除了看个人的随机应变能力，更重

要的是看销售人员之前的准备。如果我们能够准备充分，不管销售什么样的产品，都不怕没有销量的。

摸清客户特点，备案合适语言

对于销售人员来说，客户是什么？客户就是上帝！“上帝”的喜好不尽相同，说话方式也是千差万别。

这个时候，作为销售人员，我们就不能抱着一种“以不变应万变”的心态来应付客户，或是硬拿话术里面的方法来生搬硬套。这个过程中，我们需要摸清客户的性格和说话特点，然后根据他的特点制定自己的说话策略、态度、内容、方式等。

这就是所谓的知己知彼，百战不殆。如此一来，我们才能一句话就说进客户的心里，让客户喜欢上我们；才不会因为说了不合时宜的话而惹怒了客户，给自己的销售徒增障碍。

曾经在一家超市遇见过这种情况：

有一个年轻的姑娘，打扮得非常时尚靓丽，一看就是非常注重外表的人。美中不足的是，这个姑娘的脸上长着一些雀斑，但是不影响整体形象。她在超市的化妆品区域来往地徘徊，想要寻找适合自己的化妆品。

这时候，超市负责化妆品专柜的销售人员过来了，热情地对这个姑娘说：“姑娘，你看你的脸上的雀斑多明显啊，让你看起来年老了好几岁。”说着，她拿起一小瓶化妆品，说道：“我们这款祛斑产品不错，你不如买一个试试吧！”

听了销售人员的话，这位姑娘的脸色立即变了，冷冷地说：“不用，我不买！”

那位销售人员依旧没有意识到自己的问题，不依不饶地向姑娘推销说：“你说你年纪轻轻的，脸上长斑为什么不赶紧用祛斑产品弄掉呀？这多难看，将来会更严重的……”

她还没有说完，姑娘便回过头来，生气地说：“你会说话吗！我长雀斑怎么就难看？真是神经病！”说完，这姑娘就气呼呼地走了！

可以说，超市的这个销售人员非常愚蠢，她虽然看到了这位姑娘的需求，但不恰当的语言却极大地伤害了顾客。这是因为她不会说话，更不懂得根据客户特点选择合适的说话方式。

一个打扮得漂亮、靓丽的女孩，一眼看上去就是非常注重自己的容貌和形象。这时候，销售人员直接揭了姑娘的短，在公众场合说她长了斑太难看，这个姑娘能不生气吗？

如果销售人员能根据姑娘爱美的特点以及想要祛斑的心思，先赞美一下姑娘的穿着特别有品位，长得漂亮，然后再间接地推荐一下雀斑产品，效果就不一样了。比如，“姑娘，你长得非常漂亮，而且在装扮上有品位，只是脸上有一些小斑点。虽然这并不影响你的容貌，可如果能够去掉的话，就更完美了！”

也许这时候，这位姑娘就会坦诚地说：“我脸上的这些小雀斑确实很烦人，您帮我推荐一下祛斑产品吧！”这样一来，销售和成交就水到渠成了。

销售是与人打交道的工作，想要把话说到人的心坎里，就需要研究打交道的人，摸清他们的性格、职业、兴趣爱好、心理特征等。见什么人说什么话，说出对方爱听的话。

下面我们结合客户的性格、学识、经历等特点把客户分为三个类型：活泼开朗型、挑剔完美型、保守谨慎型。同时，针对这三种不同类型的客户，总结出不同的话术，希望能够帮助你顺利完成销售任务。

1. 对待活泼开朗型客户，语言要乐观热情

活泼开朗型的客户，特点是擅长交际，喜欢说笑，不拘小节，高兴或者不高兴等所有情绪都写在脸上。他们喜欢和人聊天，好奇心也很强，很容易被调动起情绪。

所以，跟这种类型的客户交流的时候，销售人员要调动起自己的积极性和热情，让谈话具有趣味性。同时，销售人员要找到合适的话题，找准谈话的时机，千万不要在他们兴致不高的时候喋喋不休。

不妨看看这个事例：

李亮是一家酒店的主管，最近需要采购一批新的厨房用品。一家厨房用品公司的销售人员王强知道了这件事情之后，便想要拿下这笔生意。他知道李亮是一个兴趣广泛、热情随和的人，所以在见面的时候，他并没有直奔主题，推销自己的产品，而是和李亮闲谈了起来。

王强从朋友那里知道李亮喜欢足球，便和他聊起了足球。当时正值世界杯赛事阶段，两个男人有共同的兴趣爱好，经过闲聊，还发现彼此居然喜欢同一个国家的球队。这样一来，两人聊得十分投机，从本队的特点到球员的不足，再到对手的优势……

当说到熬夜看球这个话题时，王强问道："熬夜的时候，你通常都吃什么？是不是叫外卖？"

李亮哈哈大笑几声，说："说出来你可能不信，我这个人喜欢下厨，家里的饭菜通常都是我自己做的。所以看球的时候，我通常会准备一些夜宵。"

王强惊讶地说："真的假的？我也非常喜欢做饭，没事就喜欢在家里露两手，给家里人准备一些美食。"随后，两个人就开始探讨厨艺和美食，自然而然地就说到了厨房厨具的问题。

这时，李亮便主动询问王强公司的设备，而王强则抓住了机会，向他详细地介绍了一番。结果，两个人当天就达成了初步的合作意向。

像李亮这样的客户兴趣广泛，热情随和，只要我们能够抓到话题，像朋友一样和他畅聊，就会吸引他的注意力，赢得他的好感。这之后，成交就是自然而然地的事情了。

2. 面对挑剔完美型客户，要做到语言严谨

有一种类型的客户就像是处女座一样，他们喜欢挑剔，追求完美。这类客户通常智商比较高，做事认真有条理性，不愿意冒险；非常一丝不苟，不放过任何一个细节；还非常注重外表，不喜欢和随意的人打交道，更不愿意和看起来不专业的人沟通。

因此，和这样的客户沟通，销售人员一定要注意自己的形象，说话严肃认真，做到语言严谨。在话语中，千万不要出现大概、或许、差不多等词语。

孙涛是一家大型企业的销售经理，他是远近闻名的工作精英，每天上班西装革履，对待自己的工作从不敷衍了事。他不仅对自己高要求，对下属员工也非常严格，即便是在工作报告中发现一个错别字，他也会要求员工回去校正无误重新打印之后再上交。

有一次，孙涛要为公司采购车辆，有两家汽车销售公司前来洽谈。其中一个穿着随意，也没有带来什么参考资料，给孙涛留下非常不好的印象。

在正式洽谈的时候，孙涛问了他几个专业性问题，比如车子的性能参数、优惠政策、价格是否有调整等。这个销售人员竟然回答得模棱两可，不是说大概就是说或许吧。结果没多久，孙涛就让秘书送走了这位销售人员。

而另一个销售人员就截然相反了。他穿戴整齐，衬衣、西裤加皮鞋，给人非常专业、干练的感觉。在谈到上述问题的时候，这个销售员不仅详细地回答了孙涛提出的问题，还给出了许多专业性的参考建议。比如，现在公司都喜欢空间大、省油的车型，某款车型有哪些优缺点……显然，这位销售有备而来，说话严谨，态度认真。

谁赢得了最后的签单，不用我们多说。所以，在销售过程中，如果你遇到了挑剔型的客户，就应该力求做到态度认真、话语严谨，表现出自己的专业和认真。比如，在表述中用确切的数据来证明自己的论点，让自己所说的话有理有据，让对方觉得自己是值得信赖的。

3. 面对保守谨慎型客户，语气柔和客气

销售过程中，我们还会遇到很多保守谨慎型的客户。虽然他们很好接近和沟通，不会向我们提出什么难题，更不会随意地刁难，但是想要说服他们也是不容易的事情。这是因为他们性格非常谨慎小心，害怕遇到风险，总是犹豫不决。

面对这种类型的客户，我们不能操之过急，而应学会循序渐进的说服技巧。比如拜访他们的时候，我们应该先进行自我介绍，表示出自己的友好态度。在谈话过程中，要注意保持微笑，并时常与其保持眼神接触。之后，我们要向客户阐述产品的特征，告诉他自己能够从产品中获得的好处。

最重要的是，面对客户犹豫不决时，千万不要一味地等待，可以适当地施加一些心理压力，促使他尽快下决定，或是代替他下决定。但是，千万别用盛气凌人的语气激怒客户，这样会让他们极其反感。

说话真的是一门大学问，面对各种类型的客户时，我们必须学会摸清客户的特性和心理，见不同的人说不同的话。如果你觉得自己无法灵活地进行现场发挥，那就提前准备充分吧。

第 2 讲 Lecture 02

约见

——美妙的约见，是销售成功的一半

Sales and Eloquence

最简单有效的说服方式，就是面对面的推心置腹。想要做到这一步，销售人员必须能够成功地约见客户，找到进一步和客户沟通的机会。

可以说，美妙的约见，就是你销售成功的一半。那么，面对陌生的你，客户为什么会腾出时间来见你呢？这就需要你提高自己的口才和沟通技巧了！

电话约见，有礼约遍天下

很早的时候，销售人员都是挨门挨户地销售产品的。随着通信工具的日趋先进，电话销售成为必不可少的方式。可由于隔着冷冰冰的电话线，销售人员很难更好地陈述自己的产品，也很难赢得客户的信任，从而实现成交的目的。

在这种情况下，电话沟通就成为销售人员与客户进行初步沟通的手段，其更重要目的就是在拜访客户前事先进行预约。这样一来，客户就不会对销售人员的拜访感到突然和冒昧，也会对你的到来做好心理准备。

在这个过程中，如果你能够掌握说话的技巧，尽快赢得客户的喜欢，就能够轻松地约见客户；可如果你不会说话，就只能遭到冷冰冰的拒绝，甚至被无情地挂断电话。

那么，面对陌生的客人，销售人员究竟应该如何做，才能迅速赢得客户的喜欢，并且让客户心甘情愿地腾出时间来见面呢？

重要的一点就是，销售人员要注意说话的礼仪，保持礼貌用语和温和、谦虚的态度。这里所说的礼貌不仅仅是话语上多说“您”“您好”“谢谢”“打扰了”“非常荣幸”等礼貌用语，语气和气，态度热情，还要注意很多社交细节，比如打电话的时机等。

凯文刚做销售的时候，工作非常认真热情，富有激情。一拿到客户名单，他立即就会投入工作，给那些潜在客户打电话。可结果并不如他预想的那样，虽然他每天都打几十个电话，却很少有人答应见面，甚至有些人非常不耐烦地挂掉了电话。

几天后，凯文把自己的问题说给了主管，并且困惑地问："主管，我不明白。在打电话的时候，我已经非常礼貌、热情了，为什么还约不到客户呢？难道是我的方法有问题？还是我的话术掌握得不好？"

主管问了凯文一个问题，"你都是什么时候打电话的？"

凯文说："我每天早上7点就来公司了，一到公司就开始打电话，而且有时午饭都来不及吃。这几天，我一整天都没有偷懒，有时会工作到晚上9点多。"

主管笑着说："这就是你的问题了。你可以早起、不休息，甚至是晚上加班，可是客户难道也会这样吗？人家正在吃早饭、开车、休息，或是与家人一同看电视，你却在这个时候打扰人家，换作你自己，你愿意吗？"

随后，主管停顿了一会儿，说道："在不恰当的时候打扰客户，就是不礼貌的行为。这是销售礼仪中的一大忌讳。"

直到这时，凯文才知道自己错在了哪里，之后他改正了自己的工作方式。每天早上和中午的空闲时间，他都会抓紧时间整理客户资料，或是熟悉产品知识，等到早上 9 点半到 11 点或下午 2 点到 5 点之间再电话约见客户。果然，他的约见效率提高了很多，业绩也提升得非常快。

一个优秀的销售人员是不会忽视电话约见礼仪的，因为这是约见成功的必要保证。而这并不是一件容易的事情，要求我们在每一个细节中都做到礼貌周到、恰如其分。

下面我们就了解一下，如何能够让对方感到你的约见有礼、恰当。

1. 先自报家门，恰当地进行自我介绍

自我介绍是销售的第一步，成功的自我介绍不仅体现你的口才，更能够让客户产生好感。所以，很多优秀的销售人员都会礼貌地说:“先生您好，我是 ×× 公司的销售人员，我们公司最近推出了一系列新产品，请问您有兴趣吗？”或是“先生您好，我们是 ×× 公司。请问，您现在有时间吗？”即便对方不需要你的产品，或是暂时没有需要，他们也可能耐心地听下去。

如果不先自我介绍，你直接就说:“请问您是某某先生 / 女士吗？我这里有新产品，您需要吗？”这时候，客户会觉得非常突兀和反感，让对方感到不受尊重。遇到比较温和的人，他们或许问一句:“你哪位？什么产品啊？”遇到比较急躁的人，

他们会立即挂断电话，不给你介绍自己的机会。

2. 学会倾听，不要一个劲地自己说话

很多销售人员觉得在电话约见的短短几分钟，自己说得越多，客户就能够了解自己的产品，约见成功的机会就越大。可真正的销售高手，懂得在适当的时候沉默，认真地倾听客户的话语。这不仅是社交礼仪的问题，更是一个人情商和修养的体现。一旦销售人员一个劲地自说自话，不给客户插嘴的机会，就会让人觉得没有礼貌和教养。

尤其是电话约见的时候，销售人员和客户缺少眼神和肢体的交流，缺少现场的互动和了解，销售人员的滔滔不绝就会更令人讨厌了。所以，在电话约见的时候，销售人员要学会倾听，给对方说话和思考的机会。

刚入职的魏珂看上去并不像一名市场销售人员，因为她没有其他人那么好的口才，能够滔滔不绝。可她却有别人没有的优点，那就是冷静而又沉着，在别人说话的时候能够有礼貌地倾听。在面试的时候，主管领导就看中了这一点，所以才录取了她。果然，在接下来的新人业绩 PK 中，魏珂的销售成绩稳居第一，是其他人的两倍多。

在约见客户的时候，其他销售新人为了吸引客户的注意，避免客户急匆匆地挂电话，通常是电话打通后就开始滔滔不绝地介绍自己和产品，急切地询问什么时间能见面谈一谈。

可魏珂却并非如此。她在开始只是礼貌地进行自我介绍，然后简单地介绍一下公司的产品。接下来，魏珂会以提问为主，给对方说话的机会。这样一来，客户就会被她的彬彬有礼所感动，从而更愿意跟她交流，甚至是接近。

3. 在适当的时候恰当地回应

当然，恰当的回应也是一门技巧。比如在倾听的时候，销售人员要在适当的时候做出这样的回应："没错""好的""您说得对""我都明白"……

在回答客户的疑问时，要做到专业认真，不可含糊其辞。实在不能解答的话，我们可以坦率地说："对不起，这个问题我暂时解决不了，稍后我会请教主管。我们可以稍后再通电话，或是直接约时间见一面。"这或许就是你约见客户的最好时机，因为客户既然有疑问，就代表着他有兴趣和意向。

4. 通过你的声音传递你的态度和素养

很多销售人员都觉得通过电话约见是非常简单的，只要向客户提出邀约，把事情说明白就可以了。

但是电话约见是销售的第一步，也是非常关键的重要步骤。销售人员只有通过自己的声音传达出情感，用自己的声音感染对方，约见才更容易成功。如果客户在电话那头听见你的声音像冰冷的机器一般，没有半点儿感情，那很可能会认为你是一个没有礼貌、没有素养的销售。

其实，这非常简单，只要你把它当成是面对面的交流就可以了。

李欢给客户打电话的时候总是坐姿端正，而且面带微笑。同事们见此，取笑她说："你真是多此一举，客户根本看不见你此刻的姿势与表情，又何须费那个心思呢？"

李欢却认真地说道："虽然客户看不到我的微笑，但是他们却能从我的声音里感觉到。"

事情确实如此，很多约见成功的客户在见到李欢后都会坦言，说被她电话中的真诚情感所感动了，说她这样说话的人肯定是值得信任的。

5. 彬彬有礼，让客户难以拒绝

事实证明，在电话邀约的过程中，如果一个销售人员口才极好，业务能力极强，但是在电话邀约的时候却表现出傲慢或者其他不礼貌的态度，那肯定是难以达成见面的机会的。

相反，很少有客户会冷漠地打断一个彬彬有礼的销售人员，也很少有客户会没礼貌地挂断一个充满礼貌用语的电话。你礼貌地对待别人，顾忌别人的感受，别人自然也会尊重你的职业。

总之，作为销售人员要认真对待每一次的电话邀约，不要觉得电话约见没有什么大不了。真正的销售就是从电话邀约第一步开始的，这也凸显了一个销售人员的口才和沟通能力。

怎样在 30 秒内吸引客户听下去

时间就是金钱，时间就是机会。现在，所有的人都致力于提高工作效率，在短时间内实现利益的最大化。电话约见也是讲究时间效率的事情，因为很多时候，客户不会给你很多的时间来详细地介绍自己和产品，更不会有耐心来听你说闲话。

一旦销售人员不能在短时间内吸引客户，让客户对自己的话感兴趣，那就不会继续听下去，而会简单粗暴地打断你，说："不好意思，现在有点儿忙，以后再联系吧。"这时候，你的约见就面临着失败。

所以，每一位销售人员都要记住，在接通电话之后一定要开好开场白，尽可能在最短时间内激起客户的兴趣，吊住客户的胃口——这个时间可能是短短的一分钟，甚至是 30 秒、15 秒。

事实上，在成功销售的秘诀中，有一个 30 秒法则，意思就是在与客户进行电话沟通或邀约的时候，销售人员一定要在这短短的30秒之内吸引客户的注意力，激起客户听下去的欲望。一旦客户在这段有限的时间内没有听到自己感兴趣的东西，或是觉得销售人员的话索然无味，就会彻底失去耐心，从而产生拒绝听下去的念头。

侯杰是一家公司负责设备管理和维修的负责人，他每天都会接到各种推销电话，向他推销各种新设备，或是说自己的公司有什么优惠活动。

每天接听这些推销电话，听得他头都大了，也很少答应与这些销售人员见面，甚至连进一步谈下去的欲望都没有。就是因为侯杰很难约见，所以业内人员都称呼他是一个难以攻克的“上帝”。

不过有一天，侯杰却很快就答应了一个销售人员的邀约，并且与其签订了购买合同。

事情是这样的：

那天，侯杰正忙碌着，突然又接了一个推销设备的电话。他是一家大型空调销售商的销售人员，向他推销车间空调。听完对方的自我介绍之后，侯杰就拒绝说：“不好意思，我们现在暂时不需要空调。我现在还有急事要处理，就这样吧。”

但是对方随后说的一句话却让他打消了这个想法。这个销售人员说：“侯经理，我们去过某某公司，您应该听说过，这家公司的生产环境和生产效率都是业内领先的。而他们的车间使用的就是我们公司生产的空调，您难道不想了解一下吗？”

没错，这个销售人员提到的公司正是侯杰同行业中的佼佼者，业绩和口碑都非常好。侯杰公司的管理者也曾经试着向这家公司学习，但是因为没有什么可靠的渠道，他们并没有得到什么有价值的东西。

经过这个销售人员的提醒，侯杰想到这或许就是设备方面的问题。要不然双方的技术不相上下，为什么生产效率和生产质量却存在差距呢？再加上最近公司的空调制冷效果不佳，不仅出现设备散热慢等问题，还导致车间环境不好、员工的工作积极性减弱等。

基于这些问题，侯杰爽快地答应可以和这个销售人员见一面，了解他们的空调设备有什么特殊之处，以及那个公司引进了哪些空调设备。

可以说，这个销售人员非常聪明，简单的一句话就彻底扭转了局面，让侯杰对自己的产品产生了浓厚的兴趣。显然，他事先就做好了准备，找到了客户最关心的话题。

所以，想要让给客户愿意交谈下去，我们就必须在最短的时间内让他对你的话题感兴趣。

1. 抓住电话打通后的前 10 秒，进行巧妙的自我介绍

进行电话约见的时候，销售人员首先要有一个好的开场

白，进行巧妙的自我介绍。

比如，用热情而客气的问候语感染对方；准确清晰地介绍自己的名字、公司和来意。如果你所在的公司是业内最好的，或是具有特色，就应该重点突出一下；避免老套、没有新意的开场白，因为这种话术已经被说得太多了，客户很容易产生反感。

比如，“××经理，您好。我是某某公司的某某，能不能耽误您几分钟？我想跟您介绍一下我们公司推出的新产品。”这样的开场白简直太老套了，虽然没有什么问题，但却也没什么新意，让人听了索然无味。

再如，“您好，我是某某公司的某某，您现在方便接电话吗？”客户很可能直接回答说：“我现在有点儿事，不方便。”然后就挂断了电话。这时候，即使你生气和后悔，已然是来不及了。

但是，如果在打电话的时候，销售人员能够幽默地介绍自己，或是能够夸奖对方一番，效果肯定就不一样了。

比如，“××经理，我是某某公司的某某。您终于接了我的电话，我等得花儿都谢了。”这时候，对方或许就会被你的幽默所感染，并且产生一些愧疚之情。

再如，“××经理，我知道您的公司比较大，业务比较繁忙。不过，我不会花太多的时间打扰您的。”这样的恭维或许可以赢得客户的好感。

2. 一针见血地告诉客户你能给他带来什么

如果经过前十秒钟的考验，客户并没有挂掉你的电话，那么恭喜你，你已经成功了一半。但是，千万不要掉以轻心，让自己的努力付之一炬。

接下来，你需要做的就是不兜圈子，一针见血地告诉客户你能给他带来什么好处。比如，“引进这个设备，你的生产效率会提高50%……”“如果我的产品能让您的废品率降低10%，您是否有兴趣呢？”

但同时销售人员要注意一点，不要让客户有种被强行说服的感觉。最好的办法就是，利用客户的好奇心，一步步地留下悬念，化被动为主动。

李军是一款节能灯的销售人员，虽然他打电话的次数没有其他同事多，但是业绩却比其他人多很多。

每次给客户打电话，李军都会直截了当地说：“您好，我是某某节能灯的销售人员，我手里有一款新产品，能够帮您将电费减少一半，不知道您有兴趣了解吗？”利用这样的方式，他总是能够引起对方的兴趣，轻易地约见客户。

当客户产生兴趣之后，李军还会继续说：“既然您对我们的产品有兴趣，那我可以拿着样品去上门拜访。不知道您是否有时间？”或是“我们可以约见一面，我给您带一个样品，让您体验一下，可以吗？”

李军是为客户考虑的，并且直接告诉了客户所能获得的好处，客户自然就不会轻易地拒绝他了。所以，如果你的产品有特别之处，能够给客户带来利益，那就在电话中尽快直接表明。因为客户通常都会对新鲜的东西有了解的欲望，并期望从新产品中得到好处。

但是，销售人员也不能全盘托出，而是应该留一些悬念，这样一来，客户肯定会急于想知道更多的产品信息。这时候，销售人员再对客户说：“电话里没办法说得这么详细，您也看不到实物，体验不到它的性能。不如您哪天有时间，我登门拜访，怎么样？”这样一来，和客户定下见面的时间和地点，就完成了一次成功的约见。

3. 告诉对方，他的竞争对手正在做的事情

所有人对于竞争对手的信息都是异常关心的，如果销售人员能够在谈话中稍微做一下“间谍”，谈及竞争对手的相关信息，那么就会轻易地引起客户的注意，成功吊起客户的胃口，就像事例中的那位聪明的销售人员一样。

但是，销售人员也要遵守职业道德，千万不要泄露竞争对手的商业机密，否则只能让自己失去他人的信任，甚至是被行业人士所唾弃。

总之，有个漂亮的开场白，在电话约见时，我们才能尽快吸引客户的注意力，让客户愿意和我们继续交谈下去，并保证销售能够成功。所以，锻炼好自己的说话技巧，学会巧妙地和客户说话吧！

如何约访，客户才“不忍”拒绝

我们时常会遇到这样的情况，很多新进销售人员已经准备好了资料，鼓起了打电话的勇气，可是没说上几句话就遭到了客户的拒绝。有的客户是直接拒绝，说自己不感兴趣，而有的客户是婉言拒绝，说没有时间见面。

相信，没有人愿意被人拒绝，可事实就是这么残酷，很多没有约见技巧的新人每天都要面临一次次的拒绝。甚至有时候，他们很诚恳地、很努力地打了 50 个电话，最后只有三五个客户勉强同意见面。

那么，销售人员尤其是新进销售人员，如何才能让陌生客户不拒绝自己呢？

其实，面对陌生人，只要我们能够拿出自己的真诚，让对方感觉我们不是单纯地想要卖东西，客户就会产生好感和信任而不忍心拒绝我们的要求了。

一个年迈的老人从超市买完东西，在路上突然犯了腰疼病，腰部疼痛不已，于是便坐在路边的花坛边休息一会儿。老人一边休息，一边用手按摩自己的腰部，好让疼痛缓解一些。

这时候，一个拿着广告宣传单的女孩走了过来，递给老人一张宣传单，同时关心地问道："阿姨，您没事吧？您年纪大了，怎么能拎这么重的东西呢？要不要我帮您把东西拿回家？"

听到年轻姑娘的关心，老人非常感动，笑着说道："没事，我这是老毛病了，休息一会儿就好了。"

小姑娘说："阿姨，我就在这附近发传单，如果您有什么需要帮忙的就尽管说。您是老人家，我们年轻人应该多帮忙。"

老人对姑娘表示了感谢，小姑娘继续说："阿姨，我可以留一个您的联系方式吗？我们公司给我们定了任务，每天要收集 50 个客户的电话，我今天还没完成任务呢。您不用担心，我绝对不会泄露您的个人信息的。"老人见小姑娘挺真诚、善良的，便把电话给了她。

隔了几天，老人接到一个电话："阿姨，您的腰疼好点儿了吗？有没有贴药膏啊？"老人有些迟疑地问："你是哪位？我认识你吗？"

电话那头的人笑着说："阿姨，前几天我们见过面，就在您家附近的超市旁边。那天您腰疼病犯了，我们聊了一会儿，还给我留了电话。"

老人恍然大悟，说道："你是那个发广告的小姑娘吧，我记起来了。不过，我这腰疼是老毛病了，贴膏药也没有什么效果。”

小姑娘说：“我们公司的膏药效果还是很不错的。我妈妈也经常腰疼，我就把我们公司的产品给她寄了一些。现在，她说自己的腰疼好了很多。”

老人好奇地说：“你们公司的产品真的这么有效吗？”

小姑娘见老人有了兴趣，便趁热打铁地说：“阿姨，不如我明天给您带两个样品吧，您可以先试用一下。再说了，我也可以去看看您，和您聊聊天。”

老人的孩子都不在身边，平时只有她一个人在家，也希望有人能跟她聊聊天。再说这小姑娘说话挺真诚的，能够关心自己，应该不是什么坏人。所以，老人很快就告诉了她家里的住址，欢迎她上门来拜访。

看看这个案例，销售人员并没有用冰冷的推销语言跟老人搭讪，如果是那样的话，小姑娘肯定会遭到老人的拒绝。她的关心换取了老人的信任，让老人感到非常亲切，所以在她索要电话的时候，老人并没有拒绝。而在电话约见的时候，小姑娘直接就表明了自己的关心，还提到母亲同样患了腰疼病，一下子就突破老人的心房，痛快地答应了她的约访。

可见，在电话邀约的时候，销售人员如果能够适时地对客户表示关心，真诚地为客户着想，客户也不会产生拒绝的念头。相反，如果一上来就要求见面，只有卖出东西这一个目的，客户怎么会对你产生好感，并且愿意和你继续见面呢?

成功地约见客户，说难也难，说不难也不难。关键在于，销售人员是否能够找到合适的方式。

下面就让我们了解一下让客户不“忍心”拒绝的约谈技巧。

1. 关心则胜，让客户喜欢你的“搭讪”

在销售过程中，很多人对陌生的销售人员都有排斥心理，一旦接到销售电话就会敷衍了事，或是直接拒绝。

说到底，就是因为人们对销售人员不信任，或是没有什么好感。这是非常正常的事情，销售人员千万不要灰心丧气。如果销售人员能够巧妙地“搭讪”，在最开始的时候就给客户带来舒适感，让客户感到我们的真诚，这种不信任和排斥感就会逐渐消除。

像上面的小姑娘一样，在遇到腰疼的老人时，她没有直接地说:“您有腰疼病啊，那不如试试我们的产品吧。我们的产品非常有效……”而是先给予老人以关心:“您没事吧。”“您有什么事情，可以找我帮忙。”“您的腰疼好些了吗?”这些话让老人感到了关怀和温暖，成功的约见就变成自然而然的事了。

2. 忘记你的产品，考虑客户的需求

想要赢得客户的喜欢，不遭到客户的拒绝，销售人员就应该懂得考虑客户的需求，说他们想听的话，给他们想要的东西，并把心思和精力都放在自己的产品和业绩上。

很多销售人员从来不管客户想要什么，一味地说自己的产品如何好，所以即便他努力游说，客户也不买账，即便他卖力地工作，业绩也没有办法提高。我们一定要站在客户的角度，找准他们的需求，当客户觉得你是为他着想的时候，那么就不忍心拒绝你的邀约了。

看看下面的例子：

小政是一家培训学校的课程销售，客户对象正是各个年龄段的学生家长。他的销售业绩是公司里最好的，他的电话邀约成功率总是比别人高很多。不管什么样的客户，经过他的一番电话沟通，总能轻易地答应见面。

当别的同事询问他邀约的技巧时，他总是笑着说："这很简单，就是考虑客户的需求，从他的需求出发。"

比如，暑假的时候，培训学校都会推出暑假班，很多家长也希望能够通过暑假班提升孩子的成绩，也有的家长则希望孩子能够提升其他方面的能力，如参加夏令营等。这时，小政就会从家长需求出发，说："您好，我是某培训学校的小政，您打算趁这个假期给孩子补补课，还是希望孩子多参加一些活动，培养其他方面的能力呢？”

如果家长说：“我孩子的成绩中等偏上，我希望孩子能够提高些成绩，你那边有没有合适的课程？”

这时小郑就会回答：“每个孩子的情况有所不同，我们学校现在会根据孩子自身的特点和喜好以及学习成绩，给他们安排相应的课程。近期我们推出一系列的试听课，您可以带孩子来体验一下。现在，我可以给您预留一下位子，您大概什么时候有时间过来试听？”

很多时候，家长就不会再说考虑一下，而是约定一个时间进行试听。因为小政懂得他的内心需求，并提出了相应的建议。

3. 以“熟人”的身份来邀约，成功率会更大一些

不管是面对面的交流，还是通过电话交流，陌生人之间都是有隔阂的，电话交流的隔阂会更大一些。

这时候，销售人员如果能够提前下功夫，找到与客户之间的关系，让彼此变成“熟人”，成功的概率就会高很多。这是因为，很少有人会忍心拒绝“熟人”的邀请。

比如，通过查阅资料，你和客户是老乡，如果你在约见的时候提出来，约见就会更容易一些；你说和客户的同事是朋友，对方的排斥心理也会少一些；客户喜欢打篮球，你自己也喜欢

打篮球，你们就会成了“球友”，约个时间打球，效果是不是更好一些？

世界上没有完全陌生的两个人，销售人员应该研究对方的来历或者爱好，以让彼此的关系拉近一些。这样的约见方式，绝对比“你好，能不能打扰您几分钟时间？”更容易成功。

所以，在电话中跟客户约定见面的时候，你只要掌握沟通的技巧，真正地触动他们的内心，客户自然就不会拒绝你。

精心策划一场“偶遇”

销售人员当面约见客户的机会并不少，由于客户太过忙碌，或是有意地回避、推脱，约见成功的机会并不见得太多。

难道这个时候销售人员就束手无策，只能一味地等待了吗？不，这样的话，你可能永远也等不到好的机会。

其实，在约不到人的情况下，打听好客户的行程，选择合适的地方来一次“不期而遇”则是不错的方法。这种约见的方式，既适合在陌生客户中使用，也可以在相识的客户中使用。

一位优秀的销售人员就曾经笑着说：“我曾经约见过一家上市公司的总经理，可一直没有成功。之后，我打听到他喜欢打高尔夫球，且是某个俱乐部的会员。那段时间，为了争取约见成功，我常常到那家俱乐部打球，制造和这位总经理‘偶遇’的机会。要知道，为了这个机会，我可是花了好几个月的工资啊！”

方泽也深谙约见的秘诀，并且精心策划了一场“偶遇”，主动出现在客户面前，最终顺利了拿下了一大笔订单。

张先生是方泽的一位重要客户，两个公司都有意向就某一项目进行合作。可方泽打了很多电话，都没有能够成功约见张先生，他不是推脱自己有事，就是说自己正在出差。

方泽知道，这其实都是张先生的策略，希望通过以退为进的方式给他制造压力。多年的销售经验告诉方泽，如果再继续下去，自己肯定会在之后的面谈中处于被动地位。为了改变这种状况，方泽想，既然你不愿意见我，我为什么不主动出现在你面前，制造一场不期而遇呢？

方泽知道张先生平时有钓鱼的爱好，每周末都会抽空到湖边去钓鱼。于是，在一个周末的上午，方泽早早地便带着钓鱼竿来到张先生经常钓鱼的地方，等待他的到来。

过来一会儿，张先生果然来了。方泽故作惊讶地说：“张先生，您也到这里钓鱼啊，真没想到会在这儿遇见您。真是太巧了！”随后，两人便一边钓鱼一边闲聊起来，却没有谈及关系合作的事情。

等到两人要告别的时候，方泽才说道：“张先生，不知您对于我们两个公司之间的合作有什么想法，我们可以找一个时间详细地商谈一下！您看，这周三或是周五您有时间吗？我们可以约一个地方，或是我登门拜访。”

此时，张先生觉得和方泽谈得很投机，而且确实有合作的意向，便痛快地答应了周三进行会面。后来，方泽按照约定的时间拜访了张先生，并顺利地签订了合同。

对于销售员来说，和客户进行面谈是至关重要的。如果得不到详细面谈的机会，成交的机会就会微乎其微。可对于客户来说，他们总认为和销售人员没有什么可谈的，除非急需销售员所销售的产品或服务。这个时候，销售人员就不能消极地等待，想要成功地约见客户，并取得良好的销售业绩，你必须化被动为主动，积极创造与客户见面的机会。

1. “路过”客户的公司，顺便上门拜访

优秀的销售人员不会被动地等待顾客的召见，而是积极主动地寻找和创造与客户见面的条件。很多人在多次约见无果的情况下，通常选择“路过”客户公司，顺便上门拜访的方法，让客户无法逃避自己的约见。

当然，这个方法常用于相熟的客户，否则就显得你太冒昧了，给客户留下不好的印象。

一位办公用品的销售人员想要约见某公司的采购责任人，商谈一下继续合作的事宜，可这位负责人却多次以忙碌为由拒绝了。这位销售人员担心后续合作会出现问题，于是便主动出击，拜访了这位负责人。

通过前台，他见到了这位负责人，然后笑着说："李经理，我今天来这栋大楼商谈业务，顺便来拜访一下您……"如此一来，这位负责人只能客气地接待他了。

2. 制造不期而遇，不能太刻意

销售人员需要主动与客户接触，制造见面和交谈的机会。但是在制造不期而遇的时候，我们要注意方式方法，不要表现得太过刻意，否则只会给对方留下不好的印象。

而且，在客户休息或是休闲的时候，我们不能一味地讲关于产品和合作的事宜，只需赢得进一步商谈的机会就可以了。

3. "偶遇"建立在对客户的了解之上

不管是对第一次见面的客户，还是比较熟悉的客户，"偶遇"都应该建立在对客户深入了解的基础上。在实施你的计划之前，销售人员必须事先做好功课，了解客户的兴趣爱好。

总之，等待是销售人员的大忌，因为在你等待的那段时间，很可能被别人抢占了先机。所以，约见客户的时候，我们要学会主动，策划一些"偶遇"，增加自己的机会。但要记住，千万不要让你的"偶遇"显得太刻意，变得太具有目的性，否则将前功尽弃。

“小鬼”挡路，如何突破秘书这道关隘

对于销售来说，我们想要尽快地进行有效沟通，就必须接触到关键性人物、有直接决策权的人物，即企业的管理者、老板，或是某个部门的负责人。可在电话约访的时间，我们不可避免地要先接触秘书。

俗话说：“阎王好斗，小鬼难缠。”很多秘书是非常难缠的，不会轻易转达你的电话，更不会轻易让你接触到管理者、老板。这个时候，一旦你不能掌握说话的技巧，无法赢得秘书的认同和信任，就会完全被关在决策者的门外，彻底失去机会。

那么，销售人员究竟应该如何突破秘书这一关卡，成功地见到企业的决策者呢？不妨看看刘鑫是如何做的：

刘鑫是一家食品生产设备的销售人员，主要工作就是与各食品公司进行洽谈，销售相关机器设备。

很多时候，在与企业进行邀约时，刘鑫都会被秘书拦下来。而秘书们应付他的方法也有很多，比如：“您有预约吗？如果没有预约的话，不好意思，我不能给您转电话。”“不好意思，我们总经理正在开会，请您稍后再打过来。”“您留下电话吧，

我会向刘总转达的”……

不过，刘鑫却并不在乎这些，因为他知道拒绝陌生人接近老总，为上司过滤无关紧要的电话，就是秘书的职责，而他也有突破这些障碍的技巧。

这一天，刘鑫听说一家比较大的食品公司想要更换一批机器设备，于是他便立即拨打了该公司采购部门的电话。不出意外，这个电话就是采购部经理的秘书接听的。

刘鑫用充满磁性的声音说：“您好，麻烦找一下刘总，我是XX食品生产设备的销售人员，有项目想跟他合作。”

秘书的声音透露着客气和冷静：“您好，我是刘总的秘书。刘总现在在开会，目前没有时间接听您的电话。”

刘鑫知道这只是秘书的官方说辞，为了过滤那些没有预约的电话。

刘鑫继续说：“我可以预约一下时间。因为我们公司的设备可以让贵公司提升生产效率，并且减少很多材料的消耗。而且，现在很多业内数一数二的公司都在用我们的机器，比如××公司（该公司的竞争对手）。如果您能帮我预约一个合适的时间，相信刘总也会表扬你的决断力的。”

刘鑫在最短的时间内说出了公司设备的优势，并且间接夸奖了秘书。这让秘书不敢忽视他的存在，担心把他这样的有价值的合作对象拒之门外，会遭到上司的怪罪。

秘书停顿了一下，说："不如您先传真一份详细资料过来吧。刘总结束会议之后，我会向他进行详细的汇报。"事实上，这时秘书的态度已经有了松动，可还是比较犹豫。

刘鑫趁热打铁地说："明天我可以亲自送一份资料过去，您看可以吗？您可以看看，刘总什么时候有时间。"

这时，秘书果真同意了刘鑫的邀约，预约了一个时间安排他与采购部经理见面。

所以，当你打了无数个邀约电话，却始终没有得到领导的回音，或是被秘书拦了下来。关键就在于，你没有掌握和秘书沟通的技巧，没有真正找到突破秘书这道关卡的秘诀。

那么，电话约见的时候，销售人员应该如何突破秘书这一关呢？

1. 给予秘书理解，理解他们的工作职责

销售人员被秘书拦在门外，通常会感到无可奈何而又不甘心，但是千万不要心生抱怨，或是觉得他们就是"拿着鸡毛当令箭"。因为这就是他们的工作职责，工作内容之一就是替上司过滤电话、信件、陌生访客。

理解秘书的工作职责，在遭到拒绝的时候，心平气和地进行交流，就会赢得他们的好感，让自己的约见靠近成功更进一步。

2. 把秘书当成目标客户，保持足够的尊重

销售人员想要成功地约见企业负责人，就不要把秘书当成传话筒，而是把秘书当成目标客户，并保持足够的尊重。

比如，与秘书通话的时候，销售人员要保持谦和的态度，充满热情，就好像是面对有价值的客户一样。当秘书感受到你的尊重，并且在短时间内了解到你是有价值的“客户”，就会愿意对你“放行”了。

3. 人人都喜欢接受赞美，秘书也不例外

每个人都喜欢赞美，秘书也不例外。作为领导的秘书，每天需要处理很多工作琐事，接听无数的电话。如果他们能在忙碌的工作中收到一个陌生人的赞美，心情就会立即变得愉悦起来，对对方产生好感。

周一清晨，某公司的总经理秘书瑶瑶忙得团团转，心情有些焦躁。她刚刚坐下来喝了一口水，电话又响了。这时，瑶瑶立即清了清嗓子，接听了电话。只听对方热情地说：“早上好，我是某公司的某某，想找一下贵公司的李总。”

瑶瑶拿出官方的答复：“不好意思，我只是李总的秘书。李总正在开会，请您稍等再打过来。”

电话那头的销售并不介意，继续说道：“秘书小姐，您的声

音听起来真好听，想必人一定也很漂亮吧。不过，我感觉您的声音好像有一些疲惫，是不是一早晨没喝水？赶紧喝口水吧，不然多辜负您这美妙的嗓音。”

听了这番赞美的话，瑶瑶的心情好多了，她笑着说：“谢谢您的夸奖。”

这时，对方又说：“既然李总正在开会，我就不多打扰了。我过半小时再打过来，可以吗？”对于这样的要求，瑶瑶果真没有拒绝，并且在他第二次打来时尽快地为他转接了电话。

其实，秘书并没有那么难对付，只要我们做好了被拒绝的心理准备，善于巧妙地见招拆招，就可以轻松地打动他们。

第3讲 Lecture 03

会面

——客户的第一印象，决定销售走向

Sales and Eloquence

客户是否与你成交，第一印象是至关重要的。在与客户的第一次见面中，销售人员的表现，诸如是否有良好的个人形象，是否面带笑容，自我介绍是否够精彩、吸引人，能否迅速找到谈话的切入点……这些都决定了谈话的走向，决定了成交的目的能否成功。

用 3 秒钟的完美笑容“惊艳”客户

作为销售人员，我们每天都要面对形形色色的人群，时间久了，就会发现人们的脸是千变万化的。有的客户非常友好，即便拒绝你的推销也不会甩脸子；有的客户却非常严肃认真，天生喜欢挑刺，从头到尾都吝啬给你一个微笑的表情；甚至有的客户不喜欢销售人员，你还没开口，他就严词拒绝了，甚至是出言不逊、咄咄逼人。

然而，不管面对怎样的客户，销售人员都必须始终保持微笑。确实，微笑是最具有感染力的，它可以拉近我们与客户之间的距离，减少客户对你的陌生感；也可以缓解现场气氛，让客户消除不良情绪，使得双方在愉快的气氛中交谈。

而且，我们的微笑越真诚，越有感染力，就越能打动客户。所以，在第一次与客户见面的时候，我们要让自己绽放出完美笑容。如此一来,3 秒钟的真诚微笑就可以“惊艳”到客户，拉近与客户之间的距离。

万欣是一位大学毕业生，刚刚应聘到一家公司做市场销售。第一次拜访客户的时候，万欣非常紧张，尽管之前做了很多准备，还练习了很多销售话术。可在敲开客户办公室门的时候，她还是紧张万分，一时不知道该如何开口。

这时，她唯一能做的就是保持微笑，紧张地向客户问好，磕磕巴巴地表明自己的来意。她想自己表现得如此不尽如人意，肯定会给客户留下不好的印象，或是被直接赶走吧。

可令她没有想到的是，客户笑着说："你好，请坐吧！外面的天气是不是太冷了？你看，这冷空气都把你的表情给冻住了。"

听到客户幽默的回答，万欣的紧张感瞬间就消失了，也变得更加自信起来。接下来，万欣开始向客户介绍自己的产品，并且详细地讲解了相关资料。在这个过程中，万欣始终保持着微笑，而且笑得是那么真诚、灿烂。结果，这位客户同意和万欣的公司合作，并且约她下个星期进行合约细节方面的商谈。

就这样，万欣的第一次销售活动顺利地成功了。后来，万欣好奇地问这位客户："我当时表现得非常糟糕，就连自我介绍都磕磕巴巴的，您为什么会选择和我合作呢？"

客户笑着说："是你的笑容感染了我！虽然你当时非常紧张，可是脸上却始终保持着真诚的微笑。这让我决定给你一次展示自我的机会。毕竟没有谁第一次工作就能够应对自如，没有谁第一次见客户就口若悬河。"

微笑就是具有这么大的魅力！松下幸之助曾经说过："即使是把一张纸当作赠品，亦可获得客户的好感；如果连一张纸也没有，笑容就是最好的赠品。"如果万欣在当时没有微笑，而是因为自己的紧张而苦恼，恐怕她连介绍产品的机会都没有了。

或许有人会提出这样的质疑：微笑真的有这么神奇吗？我的产品是最好的，价格是最公道的，难道还要用“卖笑”去讨好客户吗？显然，这种想法是错误的。这些人根本就误解了微笑的含义，并且没有意识到微笑的力量。

如果你不信的话，我们不妨一起看看日本著名推销员原一平的故事。

原一平个子比较矮小，身高不到一米五，长相也非常一般。他曾经为自己的矮小而懊恼不已，抱怨老天的不公平。但是，身材矮小是铁一般的事实，想改变也改变不了了。于是，原一平便想在其他方面来弥补这一缺点。

显然，其他人并不这么想。当他去应聘保险销售员的时候，面试官善意地劝导说：“你不适合做这个工作，你看看咱们公司的其他推销员，哪一个不是长得英俊潇洒？我们做销售的，需要经常和客户见面，如果你不能给别人留下好印象，怎么能顺利地成交呢？再说了，看看你这样的长相，就算是面带微笑，恐怕都没有别人笑得好看啊。”

换作其他人听到这种评价，肯定早就深受打击，放弃这个工作了。可原一平却自信自己能够做好这个工作，内心充满斗志地说：“虽然我长得不好看，但是我的笑肯定可以很美的。”

就是因为他真诚，所以面试官才给了他一次机会。这之后，他就开始训练自己的笑容。有时他对着镜子练习微笑，有时他在马路上会不自觉地露出笑脸，有时还会笑出声来，甚至还会在大街上冲着过路人微笑。由于他经常一人独自笑出声时，邻居还以为他神经不正常了呢。

就这样，经过一段时间的苦练，原一平对着镜子竟然能发出 40 种不同的笑容。而他的笑容也感染了很多人，受到很多客户的欢迎，也为他赢得了很多机会。一次，原一平遇到一位有钱的商人，是一家酒店的管理者。这位商人被原一平独特而又富有感染力的笑容吸引了，主动想要和他做朋友。当这位商人得知原一平是一位保险销售人员的时候，主动向他购买了保险，还把他推荐给了很多朋友。

当商人的朋友询问理由时，他说："他的笑容真的很能打动人，是我见过的最美的微笑！"

看吧，笑容就是这么有魔力。原一平就是靠自己的笑容开启了自己的销售工作，并且赢得突出的业绩，成为日本的销售之神。

所以，销售人员想要成功就应该学会微笑，向客户展现最真诚、最灿烂的笑容。

1. 微笑要发自内心，真诚且自然

生活离不开微笑，销售也离不开微笑，因为微笑会给客户

留下良好的形象，展示销售人员对客户的尊重和重视。

需要注意的是，我们的笑容要真诚，要发自内心，千万不能因为讨好而假笑，更不能虚伪地笑，这样只能招来客户的反感。原一平就曾经说过：“世界上最美的笑就是从内心的最深处所表现出来的真诚笑容，如婴儿般天真无邪，散发出诱人的魅力，令人如沐春风，无法抗拒。”

2. 即便遇到客户的拒绝，也要面带微笑

很多销售人员抱怨，客户一个个都像大爷似的，态度非常傲娇，所以即便是微笑，也不是发自内心的。还有些销售人员在最开始的时候会面带微笑，当一听到客户的拒绝，就会立即收起笑容，甚至是变了脸色。

这样做的结果只能是给客户留下很坏的印象，让自己彻底走向失败。很多时候，我们遭到客户的拒绝，可如果能够继续保持笑容以及谦和的态度，就可能让客户改观，从而改变注意。

即便客户不改变主意，保持微笑也能体现我们的职业素养和个人风度。

一个微笑胜过千言万语。在与客户初次见面的时候，人未语，笑先到，可以表明你对会面和沟通的期待，还表明了你具有良好的职业素养。同时，你的笑容可以迅速地拉近彼此之间的关系，化解陌生和尴尬的气氛。

所以，要想做一个优秀的销售人员，从现在开始，学会微笑吧！同时，还需要谨记一点：你无法控制自己的长相，但是可以控制自己的笑容；你无法控制客户的情绪，但是可以保持自己的微笑。

怎样的自我介绍，才叫动人心弦

第一次与人见面时，我们都免不了要做自我介绍，让对方对自己有一个初步的认识。从事销售工作更是如此，它要求销售人员在进行自我介绍时，让客户眼前一亮，赢得客户的喜欢和信任。

这确实值得我们好好地设计一番，尤其是第一次与客户见面的时候，如果我们能够让客户心动难忘，就会在客户心中留下深刻的印象，为之后的销售工作打好基础。

日本有一家大型购物公司名叫乐天，它有一个董事执行官名叫吉田敬。在吉田敬 32 岁的时候，他进入了乐天，最初从事的是程序员的工作，之后升任为业务经理、开发部长等重要职务。

随着工作年限的增长，工作经验越来越丰富，吉田敬所担任的职务也越来越多，名片竟积累到 22 张。虽然如此，每次作为公司代表与客户商谈业务的时候，吉田敬总是能够精选出两个关键词，作为自己介绍的亮点。

这两个关键词，一是全能人，他会向对方介绍说:“我是乐天的全能人，没有我不懂的业务”；二是多面手，他通常自信地说:“我是乐天公司销售业务的多面手，公司许多业务都是我主抓的。”

事实上，大部分客户听了吉田敬的自我介绍，都会对他产生极大的兴趣，更愿意与他进行深入的交谈。

对于销售人员来说，我们每天都要面对无数不同的客户，是否能够真的打动面前的客户，并且继续合作，却是比较难以预料的事情。这也是我们要重视最开始的自我介绍的原因。你的自我介绍是否独特，是否让客户“怦然心动”，往往决定着客户的耐心与专注度。

所以，作为销售人员，我们应该像吉田敬一样，为自己设计一个关键词，并且让它成为自我介绍中鲜明而又富有感染力的亮点。

那么，我们如何寻找体现自我特色且能打动客户的关键词呢？

1. 知道自己身上最大的“卖点”

每个人身上都有很多特点，也可能精通很多东西，但是我们要知道什么才是自己身上最大的卖点。把这个卖点加入自己的介绍之中，它就可以成为打动客户的音符！

比如，如果你一直从事某类产品的销售，对于这个行业和这个产品了如指掌。那么，在自我介绍的时候，你就可以这样告诉客户："我从事这个行业已经有十多年了，非常了解这个行业和我们公司产品的特点，包括优势和劣势。可以说，我对它们比对我自己还要熟悉。"听了你的话，客户就会觉得你的专业性是值得信赖的。

再如，你的销售业绩比较高，有自己的一套方法，那么就可以告诉客户："我的销售业绩一直是公司最好的，因为我总是能够给他们最需要的。所以，公司的同事给我起了个外号叫招财猫。"

产品需要挖掘卖点，销售人员更需要挖掘卖点。在销售中，客户选购产品时越来越重视销售人员的素质。而每个销售人员身上都有自己独特的优势和长处，只要我们认真地挖掘和发现，就可以给客户带来耳目一新的感觉。所以，在进行自我介绍的时候，我们千万不要太谦虚，而是应该多展示自己的优势，把它当成最大的卖点，这才能更吸引客户、打动客户。

2. 自信地介绍自己

很多销售人员不自信，一方面是害怕遭到客户的拒绝，另一方面是对自己有所怀疑。于是，在自我介绍的时候，他们总是不敢大方地说话。

可是，想要把商品卖给客户，首先要拥有足够的自信，大胆地介绍自己和产品。如果你连这个自信都没有，客户又怎能相信你呢？

3. 富有幽默感，你的话才动人心弦

很多销售人员认为，与客户见面是非常严肃的事情，千万不能有半点儿马虎，更不能有一丝的玩笑。所以，这些人一见到客户就板起脸，说起官话和套话。他们自认为这样会吸引客户，让客户感到自己的重视，可事实上，这并不能给客户带来美好的感受。

作为销售人员，说话不能太死板、不苟言笑，而应该学会适时的幽默。生活中受欢迎的人，不一定是长得非常好的人，但肯定是富含幽默感的人。幽默的人随便说两句话，就可以让身边的人开怀大笑。他们身上好像有一种神奇的魔力，能把严肃、紧张的气氛变得轻松、活泼。

如果销售人员在进行自我介绍的时候，能充满自信地介绍自己，并不时地说两句幽默的言语，就能轻易地打动客户的心。

小威刚刚进入销售部门的时候，一心想要把工作做好，做出好的业绩，给自己和别人看看。所以，他每天都拼命地工

作，就像拼命三郎一样。而且，在拜访客户的时候，他也是不停地卖力介绍，全程谨慎认真，没有一丝懈怠。但是如此地卖力，却换不来客户的良好反馈。绝大部分客户听完他的介绍，就说他们要考虑一下，有的甚至听了他的自我介绍之后就下逐客令了。

小威不明白：自己的表现并不差，为什么客户没有兴趣呢？这个问题一直困扰着他，让他吃不好、睡不好，工作状态也非常差。有一天，他苦闷的样子被一位前辈看到了，便询问他出了什么问题。小威便把自己的疑惑告诉了前辈，请教自己究竟错在了哪里。

这个前辈是一位经验丰富的销售人员，也是一个非常幽默的人，有他的地方总有开心的笑声。他虽然长得并不好看，有中年人常见的秃顶，身材还矮矮胖胖的，但是由于幽默有趣，他不仅业绩好，和领导、同事的关系也是非常好。

一天，小威又去拜访一位客户，虽然之前已经被这位客户拒绝了一次，可小威还是想要尝试一次。这位前辈知道后，就说："我和你一起去吧，看看是怎样的客户。"

当小威心情极其紧张地敲开客户的门时，对方一看到是他，便立马拉下脸，说："你怎么又过来了，我不是说了吗？我现在不需要这个产品。"小威刚想说话，前辈就抢先站了出来，并笑着和客户打了招呼。

随后，他笑着说："您好，我们做销售人员的什么都得会，产品好、价格优是必需的，关键还得有好的口才。就比如我来说吧，我会说七八个国家的语言。您信不信？"

"你会说这么多种语言？"这位客户表示怀疑，小威也瞪大了眼睛，同样不敢相信。

只见，前辈指着自己的脑袋说："您一定听过'聪明绝顶'这个成语吧！虽然我看起来并不怎么帅，但是我是绝顶聪明的，真的会说很多种语言。但是呢，我这个人非常爱国，而且不爱显摆，所以我只说中国话！"客户和小威都被前辈的话逗乐了。

这时，客户改变了抗拒的态度，微笑着说："进来吧，'聪明绝顶'的大才子。我倒想看看你是怎么介绍你的产品的。"之后，客户和前辈相谈甚欢，最后还和他们签了单。

事后，小威终于明白了前辈成功的秘诀：想要让客户迅速接受你、自我介绍，乃至后面的交谈，都不能太呆板、严肃，而是要保持轻松幽默的态度。

幽默的介绍是一张有效的名片。作为销售人员，专业严谨是不可缺少的，但是幽默也是至关重要的。如果我们从第一句开口介绍就能让客户有不同的感觉，让他们感觉快乐和轻松，客户怎能拒绝你呢？

给客户一个“有趣”的开场白

在与客户进行交谈时，销售人员的时间是很宝贵的，因为客户随时会失去耐心，准备走人或者撵人走。如果我们能够让自己的开场白有趣、有吸引力，第一句话就勾起客户的兴趣，往后的交谈就会水到渠成，不会遭到客户的拒绝。

说话以攻心为上，可以说，与客户第一次会面的开场白非常重要。这句话说好说坏，几乎决定了这一次见面的成功。就好像我们盖房子时所打的地基，地基打得是否牢固，直接关系着房子能否顺利地盖起来、是否长久耐用。所以，人们常说“好的开场，就是销售员成功的一半”。

那么，怎么样的开场白才算是好的开场呢？简单来说，只要我们的开场白能够做到“有趣”，幽默的或是新颖的，生动的或是热情、有礼貌的，跟常规的开场白区别开来，就能达到不一样的沟通效果。

汽车销售人员雨菲在代表公司参加某市举办的车展，车展上人来人往，很多有意向的客户都前来参观。而雨菲则客气地发放名片，并简单地介绍自家汽车的特色、性能。

一会儿，雨菲看到一位气质非常好、穿着非常有品位的女士，正向自己的展位走来。她知道这样的女士通常是有购买需求和购买力的，于是便热情地走上前去，客气地双手奉上自己的名片，说：“女士，您好！我是XX品牌的销售人员。”

不过没想到的是，那位女士本来脸色挺好的，一听到雨菲的话，瞬间变了脸色。她冷冷地对着雨菲说：“我知道你们能说会道，善于把人夸上天。但是我今天可没有想买车，你别想跟我说那些花言巧语，这些话对我来说根本没有用。”

如果换了其他销售人员，肯定会尴尬地走开，甚至早就恼怒地直接把名片要回来了。但是，雨菲并没有被这位女士冷冰冰的话语吓倒，反而依旧保持着真诚灿烂的笑容。

只见雨菲不紧不慢地说：“女士，您说得太对了。很多销售人员都喜欢花言巧语，目的就是把客户哄高兴了。我真的是第一次见到您这么有理智又有主见的客户。一看到您的穿衣打扮，就觉得您非常有气质，而您刚刚说的话，则说明您的头脑冷静而又敏锐。今天您真的是太有气质了，像您这么有气质的人就适合我们品牌的汽车。就算您今天没打算买车，但是我还是为能够和你交谈一番感到非常荣幸。”

说完这一番话，这位客户的脸色又发生了转变，愉快地收下雨菲的名片。随后，她还进入了雨菲的展区，并和她交谈了起来。

显然，雨菲的开场白化解了彼此的尴尬，并且让客户接受了自己。而这个开场白的有趣之处就在于，雨菲用真诚的赞美，扭转了客户对她的印象，也扭转了自己被动的局面。刚开始的时候，那位客户是讨厌销售和销售人员的“夸奖”的，因为她认为这些都是销售人员的“花言巧语”，是哄骗她买东西的。

但是雨菲却找到了她身上的特点，在看起来难以接近的人身上，找到了闪亮的发光点。再加上雨菲态度真诚，所以能够轻易地扭转客户的态度。

说话是一门艺术，是一门攻心的艺术。作为销售人员，我们在说开场白的时候，一定要抓住客户的内心。当然，除了上面所说的真诚、赞美，还有很多种方式。

1. 营造一种神秘感，勾起客户的好奇心

好奇心是人类行为的基本动机之一。每个人都有强烈的好奇心，而那些客户对于自己不熟悉、不了解，或是与众不同的东西都具有好奇心，想要尽快地了解、尝试。

所以很多时候，销售人员需要利用这种好奇心，设计不一样的开场白，这样一来，肯定会有不一般的效果。

在某街头有三个展销摊位，销售的产品是一样的，都是某一新款的防水手表。但是由于三种产品的生产厂家不同，各销售人员的竞争非常激烈。

只见三名推销员都不遗余力地用自己的办法向客户介绍。

销售员A看见有客户过来，就立即拿着手表向客户展示，并详细地介绍手表的功能、特性。可是，他的开场白毫无新意，介绍产品也像背说明书一样，所以那些客户对于他的介绍并没有多大的兴趣。

销售员B则在现场搞起了试验演示。他在摊位前放了一盆水，一旦看见有客户过来，就会把手表放在水里，然后介绍这款手表的防水功能。这一招还是挺有效的，可效果并不那么好，只有两三个客户在那里停留。

销售员C就不同了，他很快就成交了，并且还成了好几单。他用的是什么方法呢？

其实很简单：每次有客户过来时，他就说："手表可以跟着你一起游泳、洗澡，你相信吗？这款防水手表绝对给你这个胆量。"

如果前来问询的客户是一个年轻的姑娘，他会对她说："每当下雨的时候，你需要一个给你撑伞的人。可是，如果你想要淋雨，那就需要一个陪你淋雨的它了，让你觉得自己不会孤单！"

这样的开场白是不是让你觉得非常有意思？销售员C的话既幽默、不落俗套，还能勾起人的好奇心，让现场的客户都想要尝试一下，所以他很快就达成了几单交易。

2. 提问式的开场白，重点在于激发客户的思考

很多销售人员一开始就会向客户提问题，请客户进行思

考。这样的开场白对于吸引客户的注意力是非常有效的，因为这可以促使客户很快集中精神，一边思考，一边听你讲话。

一个保险公司的销售人员在第一次与客户见面时就运用了这种开场白。

他和客户寒暄之后，便提出问题：“女士，您知道一年只投资几块钱，就能防止水火灾害或者其他意外带来的损失吗？”

见对方一副很疑惑的样子，他停顿了几秒，继续说：“我们公司现在推出的这款产品正解决了这一问题，让您用极小的投资赢得最大的回报。比如，这款产品的投资金额非常小，但是保障范围极广……”

可以说，引发思考的开场白，可以让客户更理解我们的产品，并且对我们的产品感兴趣。这样的开场白比直截了当地介绍产品更有趣，更让客户接受。

3. 不要一张嘴就推销

有的销售人员比较急躁，甚至是急功近利，一见面就希望和客户达成交易。所以，他们通常一张嘴就问客户：“您觉得怎么样？”“你要不要？”“这产品很好的，您来一套吧。”这种急躁且目的性强的销售，非常容易让客户产生厌烦感，使得结果适得其反。

作为销售人员，我们不能一张嘴就推销自己的产品，多寒暄寒暄，拉近彼此之间的距离，接下来的工作才能更好做。

老陈是一个经验丰富的销售人员，有一次他去拜访某公司的采购部经理，希望能够和对方达成合作。我们都知道，企业的采购部门经理都是非常忙碌的，每天要处理很多事务，接待很多访客。

那天，老陈去拜访的时候，那位采购经理正在忙碌，一个电话、一个电话地接个不停。刚停下来，采购经理就问道：“你好，请问您有什么事情？”

老陈还没回答，采购经理的下属就进来了，说有会议要开。这时，老陈立即把名片递给采购经理，客气地说：“您好，我是××公司销售人员，这是我的名片，我今天来就是跟您报到一下。我看您今天非常忙，我就先走了，等您有时间，我再过来打扰。”说完，老陈就和对方告别了。

过了一个星期，老陈又来拜访这位采购经理，但是看样子，他应该是对老陈没有印象了。这一次，老陈还是没有介绍自己的产品，就是把资料递到那位采购经理的手中，然后静静地等着。

等了大约半个小时，那位采购经理的电话还是没有停过，所以老陈又客气地告别了。

等到老陈第三次拜访的时候，还没等老陈说话，那位采购经理就笑着说："不好意思，前两次真是太忙了，没有和您说谈上话。这次我有时间，我们好好地谈谈你们的产品吧！"

看似老陈的成功是偶然的，但是我们仔细回想一下，其实他非常聪明。或许你会说，他之前根本没有说什么开场白，可这就是他聪明的地方。因为他知道对方非常忙碌，所以第一次只是简单地介绍了一下自己，"就是来报个到"。第二次也只是递了产品资料，这不仅尊重了那位采购经理，还给自己留下悬念，让那位采购经理对他印象深刻。

如果他明知道对方很忙，却要强行推销自己的产品，他的话即便再精彩，恐怕也无法吸引对方的！

总之，短短几句话就抓住了客户的内心，让对方有了交易的欲望，这全是靠开场白的魅力。不要小看一些别出心裁的开场白，在销售的过程中，如果我们能够让自己的开场白变得"更有趣"，之后的说服就会更有效，成交自然也就更有胜算了！

一见如故，距离全无

你如何跟陌生人沟通呢？中规中矩地来一段自我介绍，还是使用幽默的语言？直接进入主题，还是先相互寒暄一下？

很多人喜欢直奔主题，一开始就说明自己的来意。这样的说话方式简单有效，但很多时候却存在缺点——彼此之间因为是陌生人，谈话的气氛总是不能太放松，始终觉得有距离感。所以不管沟通多久，双方都走不进对方的心里，更无法产生信任感。

正因如此，在销售的过程中，销售人员要尽量避免这种陌生人之间的距离感，学会用寒暄的方式与对方套近乎，制造一见如故的感觉。或许有人会说，我做不到跟陌生人自来熟。我根本不知道对方的喜好，无法判断客户喜欢听什么，如何与对方套近乎呢？

其实，大家根本不用担心。既然这个世界上存在一见钟情，那么就肯定存在一见如故。只要你记住了这一点：客户像是一面镜子，你对他笑，他就会对你笑；你把他当成老朋友，他自然也不会把你当成陌生人。

一个周末，君君一个人正在家看电视，突然听见有人敲门。她一边去开门一边问：“谁啊？”

只听得门外响起一个女孩的声音，“是我呀。”君君听到这样的回答，便以为是一个熟人。通过猫眼一看，只见外面站着一个年轻清秀的女孩。这女孩虽然看着有些眼熟，自己却想不起来在哪见过。

君君迟疑地打开了门，这女孩非常亲切地说：“姐姐，我是您楼下的邻居，每天在小区里都能看见您。刚才我在楼底下看见您养的那些绿萝和栀子花看起来真漂亮，便想上来和您讨教一下，看您有什么诀窍。我也养了一些花，可不知道为什么总是会枯死呢？”

听了这个女孩的话，君君好像想起来了，在楼下确实见过她几次。于是，她笑着说：“哪有什么诀窍，只不过是注意浇水和养护罢了。”说着，君君便把这个姑娘请进了屋。

进了屋之后，那个女孩看到君君正在看的电视剧，便说自己也喜欢这个电视。于是，两人便讨论起这个电视剧来，说到了男女主角的感情坎坷，说到了女配角的可恶等。就这样聊了一个多小时，女孩和君君越聊越投机。

在聊天的过程中，君君问女孩是做什么的，而女孩子则自然地说：“姐姐，我是一家化妆品公司的销售人员，今天正好在家休假，就在咱们小区转悠转悠，看看有没有特别投缘的客户，宣传一下公司的产品，增加点儿销售业绩。走到楼下的时候，看到您家的花特别不错，就上来和您聊一聊了。”

君君见自己和这女孩聊得投机，两人又有相同的爱好，反正自己也需要化妆品，便主动向她定了一套水乳。之后，君君和这个女孩还交换手机号，从陌生人变成一对好朋友。

试想君君听到敲门声并询问是谁，得到的回答是“您好，我是化妆品公司的销售人员，想跟您推荐一下我们的化妆品，能和您聊一聊吗？”恐怕她就很难给对方开门了吧。而绝大部分人也会做同样的选择——给对方吃一个闭门羹，用一句“不用，谢谢”终结这场对话。因为对方是一位陌生人，且带着推销的目的，绝大部分人会保持谨慎的态度，不会轻易地产生信任感。

而这个女孩的聪明之处就在于，她并没有直接说自己是推销化妆品的，而是像熟人来串门一样，随意地回答道：“是我呀。”这个回答看似平常，却能在第一时间就打消客户的疑虑，给人以熟悉和自然的感觉。在君君开门之后，女孩说自己是楼下邻居，并且谈论起养花和电视剧，而这两点都是君君喜欢的事情，这无疑让两人之间的距离迅速缩短了。

所以，如何让自己和客户一见如故的能力真的很重要，因为它能让销售变得更简单。在和客户见面的过程中，我们要学会找到让彼此“一见如故”的谈话引子。下面我们就来了解一下如何才能用合适的话题让彼此更亲近吧。

1. 仔细观察环境，寻找可以谈及的话题

很多时候，我们会到客户的办公室拜访，也有极少机会可能会去客户家里拜访。但不管是在什么地方，我们都要仔细观察客户周围的环境、物品的摆放。比如，桌子上的一个摆件，或是墙上挂着的字画等，都能成为我们和客户之间谈论的话题。

因为这些东西是客户关注的、感兴趣的，谈论对方感兴趣的内容，更容易引起他们的谈话热情，让他们放松戒备，从而拉近彼此间的距离。

当然，如果某些东西是我们不了解的，千万不要深入地谈。因为一旦出现错误，就会扼杀良好的开端。

2. 寻找共同话题，打开谈话的局面

在与客户交谈的过程中，为了拉近彼此间的距离，开口说话是重要的。有的销售人员喜欢以简单的打招呼来开场，然后就不知道如何进行下去了。这是因为他们没有找到彼此的共同话题，更不知道如何来寻找与客户之间的共同话题。

其实，共同话题并不难找，我们可以做一些准备工作，了解一下客户的家乡有什么有趣的奇闻和逸事，或是了解客户有什么喜欢的兴趣爱好。当你知道对方喜欢骑马、常常打网球的时候，只需谈论这样的话题，那么在不到 15 秒的时间里，我们就可以让对方对我们产生兴趣。

同时，我们身边总是会发生一些大事小情，很多人都对这些事情感兴趣。我们可以利用一些新奇或是最新的消息为话题，打开客户的心房，达到拉近彼此之间的距离的目的。

3. 站在对方的角度，使用对方的频道

我们都知道，在看电视和听收音机的时候，我们必须调整好频道，才能欣赏自己想看、想听的节目，否则，再好的节目

也无法正常地收看、收听。与客户进行沟通也是如此，我们必须调整好频道，并且使用对方的频道，才能让对方产生共鸣。

我们要尊重并适应对方的说话方式。对方是个急性子，说话速度快，我们就应该加快自己的说话速度，相反就应该放慢自己的说话速度；我们要多谈对方熟悉的事情，多谈对方感兴趣的内容，因为每个人都对自己的事情更感兴趣。

所谓“酒逢知己千杯少”，两个志趣相投的人，总是有说不完的话。在与客户交流的时候，我们要注意自己的说话方式，多寻找与对方的共同点，多谈对方感兴趣的话题，营造出一种一见如故的感觉，如此才能与客户越谈越投机，缩短彼此之间的距离。

巧赞——好话一讲，黄金万两

赞美是世界上最华丽的语言，但它分很多种，假意的赞美是一种阴谋，让人感到恶心，而善意的赞美是一种美好，让人感觉真诚。在这个世界上，良好的关系建立在善意的赞美之上，我们和客户之间的合作关系也是如此。通过它，我们才能拉近自己与客户的距离，让客户完全敞开心扉。

作为销售人员，在销售攻心的过程中，我们不要吝惜自己的赞美，多给客户“灌一些迷魂汤”，让他有一些飘飘然的感觉，便能更轻易地俘获客户的心。当然，这赞美不能是虚假的、别有目的的，而应该是真诚的、善意的。

某位客户来到一家销售瓷砖的专卖店，在某款瓷砖面前停了下来。这时，一位销售人员走了过来，用客气而又热情的语气说：“先生，您的眼光真好，这款瓷砖是我们店里的主打产品，设计和质量都是一流的，所以现在销量特别好。”

客户点了点头，问道：“这个瓷砖多少钱一平米啊？”

销售人员回答说：“我们近期正在搞活动，针对新客户都有优惠活动，折后价格是 150 元一块。”

客户听了这话摇摇头，觉得这瓷砖太贵了。

见此，销售人员并没有继续谈论价格的问题，而是将话题引向其他方面。当销售人员得知客户居住的小区是一家比较高档的住宅时，他面带微笑地说：“您居住的那个小区我之前去过一次，环境真是太好了。整片小区绿意盎然，花园设计非常美，给人舒适宜人的感觉，不愧是高档小区。”

听了这话，这位客户的脸色变得喜悦起来。见自己赞美的话起了效果，销售人员继续说：“而且，您那个小区的户型都非常好，您看您既然买了这么好的房子，装修当然也得多花点儿心思。尤其是瓷砖方面更是如此，一般的瓷砖也配不上您的房子啊！虽然我们这款瓷砖的价格有些贵，但和别的品牌比起来更有品质。”

这一番话说得这位客户动了心，说：“你说得不错，好房子确实应该用好的瓷砖。不过，价格确实也有些高。”

销售人员见客户已经动心，立即说：“我们正在你们的小区搞促销，这次能给您一个团购价的优惠。您看这样如何？”

这位客户果然来了精神，说：“那太好了，可是我现在还没拿到钥匙，还不知道具体的室内面积，这样可以参加团购吗？”

销售人员笑着说：“当然可以。按照我们公司的规定，只要预定的客户达到 20 人以上，团购活动就可以开展。加上您，我们的客户已经达到了 18 户，只要再有两户就可以享受团购价格了。现在，您可以先交定金，我给您留下名额。”

就这样，这位销售人员通过真诚的赞美，一步步地让顾客接受了自己的产品和服务，成交了一笔订单。

这个世界上，谁不喜欢别人发自内心的肯定和善意的赞美呢！所以，赞美是一种说话的艺术，更是销售人员轻松拿下订单的重要方式。

事实上，这也是意大利的一种古老的销售方法。在过去的意大利，当客户走进商店，并对某件衣服表现出兴趣时，销售人员首先会建议对方穿上衣服来试一试。当客户穿上衣服后，销售人员便会对客户大肆赞美一番，并特意安排一个画家为客户绘制一幅素描画。在这个过程中，客户通常会对衣服产生好感，而销售人员成功卖出衣服的概率就会提高很多。

这便是赞美的力量。所以，销售人员要学会赞美，善于利用赞美，让自己的话赢得客户的欢心。

1. 适当地赞美，坚定客户的决心

在销售过程中，如果我们能够巧妙、恰当地赞美客户，便可以有效地调动顾客的情绪，勾起他们的购买欲。因为大多数情况下，当客户看中一款产品的时候，他们已经不缺购买的冲动和设想了，只是还缺少些许的决心。

这个时候，如果我们能对他们进行适当的赞美，坚定他们购买的决心，就可以让他们的购买欲望变成实际的购买行动，加速他们的购买进程。

但是，需要注意的一点是，赞美虽然是一种有效的销售方式，但是也有“过”和“不及”的情况。所以，我们对客户的赞美也要视情况而定，对不同的顾客要采用不同的赞美方式。

2. 直接赞美，让客户心花怒放

对于客户来说，直接赞美是最有效的手段。所谓直接赞美，就是要求我们把客户的优点和优势都纳入故事体系，然后运用合适的语言表现出来，以赢得客户的欢心。

比如，当客户看中一件产品后，销售人员不必急着进行推荐，可以先对客户的选择进行赞美，在拉近与客户关系的同

时，肯定和赞扬客户选择的正确性。而对于那些没有拿定购买主意或者没有明确购买目标的客户，销售人员也可以对客户本身进行赞美。此时，我们赞美的内容应该放在客户的外形或某种特质上，并且想方设法地把赞美的内容与自己所要推荐的商品结合起来，引诱客户的购买欲望。

需要注意的是，在直接赞美的过程中，为了更有效地拉拢客户，我们的赞美不必太复杂，但一定要直接对客户进行夸赞。

以下的赞美技巧，我们可以作为参考：

“我们的产品就是为您这样有气质、有文化的人量身打造的。”

“请您放心，我们的产品经过了多年的市场考验，品质有保证，服务周到细心，其他各方面的条件也都很突出，尤其适合像您这样有身份的客户。”

“您选择我们的产品，真是太有眼光了。说心里话，我非常希望能成为您这样的人，知道自己选择什么，知道自己适合什么。”

3. 对比性的赞美，突出客户的特质

在赞美客户的时候，我们还可以进行对比性赞美。简单来说就是，我们在赞美客户的同时，要选择一个反面的案例进行

讲解，运用对比的手段，衬托客户的眼光和品位，证明自己推荐的商品和客户非常契合，从而达到成功销售的目的。

这样的赞美通常是非常有效的，因为作为一种群体动物，人往往具有攀比心，希望自己比其他人更好。这种赞美的方式在故事中加入了对比，形成了比较强烈的对比性反差。这种反差可以让客户的虚荣心和攀比心理得到最大化的满足，从而促使客户更迅速、更准确地下定决心。

我们可以参考下面两个间接赞美的说话技巧：

“女士，您真的是太有眼光了，知道怎么选择和搭配适合自己的衣服，会根据自己的身材和气质选择。你看，这件衣服穿在您身上就像量身定做一样，实在太符合您了。可是，很多像您拥有这样好身材的人却不善于选择和搭配，刚刚那位身材苗条的姑娘，非要在我这里购买那些宽大的衣服和裙子。我真的是为她浪费自己的好身材而惋惜啊！”

“其实，这件衣服很多客户都试过，说真心话，她们的身材都不差，穿上也还算得体，但是就没有哪个人像您这样带给人一种量身定做的感觉。我感觉她们穿不出这件衣服的特色。您真的赋予了它新的生命和魅力。”

总之，巧妙的赞美是销售过程中不可缺少的，很多时候，一句赞美要比一百句说服的话更有效。这就是人们所说的“好话一讲，黄金万两”吧。所以，作为一名销售人员，好好学习赞美的技巧吧！

找到切入点，顺势做延展

对于销售来说，挖掘客户的需求，激发客户的需求，是至关重要的问题。因为只要了解和满足了客户的需求，我们才能把话说到客户的心坎里，更好地打动客户。

可有些时候，客户的需求不会那么简单地写在脸上，而是需要销售人员不断地提问和刺激，才能够清晰地浮出水面。这个时候，我们就必须找到切入点，然后再顺势延展，如此才能站在客户的角度解决问题，对销售起到事半功倍的效果。

然而，在现实生活中，很多销售人员在与客户沟通的时候，却不懂得如何找到问题的切入点，不知道如何把话题引到自己的产品上来，以至于让大好的机会溜走。

孙坚是一家保健品的销售专员，受众目标是一些中老年人。通过一段时间的工作，他总结出了一条销售的秘诀，那就是如果一上来就告诉老人自己是卖保健品的，绝大多时候会被当成骗子，给自己带来不必要的麻烦。想要赢得这些老人的信任，就必须了解他们的需求，满足他们的需求。这包括老人身体健康方面的需求，还有情感方面的需求。

可问题是，虽然他知道了这个秘诀，却始终找不到把话题引入产品的方法。这一天早晨，孙坚坐公交车上班，当时车厢内挤满了人，好在他自己有一个座位。没过几站，一位六七十岁的老人挤了上来。出于关爱老人的目的，他立即站起来，把座位让给了这位老人。老人对孙坚表示感谢之后，便和他闲聊起来。

孙坚见老人行动有些缓慢，坐下来的时候还小心翼翼的，可能是腰部有些问题。于是，他便打算把这位老人发展为客户，推销自己的保健品。

孙坚关心地说："阿姨，您是不是腰不舒服啊？您刚才坐下的时候，我看您好像有些费力。"

老人回答说："对啊，我平时身体还不错，别的毛病没有，就是腰疼。这是我年轻时落下的毛病了。"

"怎么不去医院看看呢？腰疼可不是小问题，您老应该重视起来！"孙坚继续说道。

老人无奈地说："怎么没有去过，可是却没什么用。好几位医生都说我这把岁数了，又不能手术，又不能多吃药，最好是好好保养。"

孙坚听了之后，就没有继续这个话题，而是询问起其他事情来。当得知老人是去超市买东西时，他说道："您这身体不舒服怎么还坐车去超市，怎么不让孩子们开车送您啊！一会儿买的东西多了，您怎么能拎得动呢！"

老人笑着说:“孩子们工作都忙，有时还要忙到大半夜，早晨起来连饭都来不及吃。反正我在家也没什么事情，就当锻炼身体了。”

孙坚问:“那您孩子是做什么工作的?他们的工作肯定非常不错吧。我看您是有文化的人，把孩子教育得肯定很好，是有前途的人。”

听了孙坚的话，老人自豪地说:“他们都是在外企工作，具体做什么我也没问。反正跟我说，我也不懂。小伙子，你是做什么工作的?这一大清早地坐公交车，你肯定也不容易，还要给我这个老太婆让座。”

孙坚笑着说:“没有关系的，阿姨。我就是一个打工的，肯定比不上您的孩子。”

老人则安慰孙坚说:“孩子，别这么说，以后肯定会好起来的。我那孩子虽然工作不错，可就是太忙了。他们夫妻工作都非常忙，一催他们要孩子就说自己没时间。我时常让他们少加班，多锻炼身体，趁着我年轻，能帮他们带孩子的时候生个孩子。可是，他们就是不听话。小伙子，你结婚了吗?要是结婚了，就赶紧要孩子，不然忙来忙去都不知道为什么了。你说是吧?”

“阿姨，您还别说，我真挺喜欢孩子的，但是我都没有结婚呢。”孙坚笑着回答说。就这样，孙坚和这位老人谈了一路，可直到老人下车，孙坚都没有机会提及他的产品，更没有把老人发展为自己的客户。

是谈话中没有好的机会和切入点吗？当然不是。仔细想想，其实在谈话的过程中出现了两个大好的机会，但是孙坚自己却没有抓住。

第一次机会：孙坚问阿姨是否有腰疼的毛病，是否去过医院，而阿姨说去了几次没有用，需要好好地保养。这个时候，如果孙坚利用这个切入点，说自己是保健品的销售人员，并推荐自己的产品，就有可能实现成交的目的。可是，孙坚却完全忽略了这一点，没有切入保健品的话题，以至于失去这个大好的机会。

第二次机会：阿姨问孙坚做什么工作的，工作是否辛苦。这也是一个很好的切入点，把话题引到自己的工作、产品，之后再进行一系列的延展，大大方方地告诉阿姨自己的公司名称、公司主营业务、产品特征、适合的人群等。

如果孙坚身上有试用品的话，可以赠送给阿姨几个试用品，让老人体验一下。这样一来，销售工作是不是就变得轻松很多？可这一次，孙坚又没有能够好好地把握。

所以，与客户沟通的说话技巧多种多样，不管是开门见山还是迂回战术，不管是通过什么样的方法获得信息，如果你找不到问题的切入点，或是忽略了问题的切入点，即便你能够挖掘出客户的内心需要，同样无法让销售工作顺利地进行下去。

那么，我们如何找到问题的切入点呢？

1. 抓住时机，让话题自然而然地进行

在与客户交谈的时候，引起销售话题的时机非常重要。不管是别人主导话题，还是你主导话题，也不管你们闲谈的是什么，只要你能够把握好时机，自然地引入自己想要谈的内容，就可以让接下来的工作变得简单很多。

比如，你是保健品的销售人员，当谈到身体健康等话题的时候，就是你引入话题的最好切入点。又如，你是汽车品牌的销售人员，当谈到交通、出行等问题的时候，你就可以把这个作为切入点。

2. 不要被客户牵着鼻子走

闲聊是销售人员开展工作的第一步，很多销售都是从闲聊开始的。但是这闲聊并不是毫无目的地闲聊，更不能让客户牵着鼻子走。就像孙坚一样，明明有大好的时机，却因为被对方牵着鼻子走，谈到了工作、结婚、生孩子，可就是没有谈及产品，忘记了自己交谈的目的。

作为销售人员，我们要明确自己的目的，并且掌握好谈话的节奏和内容，如此才能更好地找到步入正题的切入点，实现成交的目的。

3. 提高自己获取信息的能力

想要了解客户的需求，找到话题的切入点，我们就必须了解对方，比如对方的职业、地位、兴趣、爱好等。我们也可以适当地和对方聊一些自己的私事，以便拉近彼此的心理距离。

同时，我们要注意倾听，提高自己获取信息的能力，如此一来，才不会忽略重要信息，无法挖掘客户内心的真实需求。

适当幽默，化敌为友

擅长沟通的销售人员，通常都比较幽默，有自己独特的处事方式，这也是他们在销售过程中制胜的法宝。

没错，运用幽默的沟通手法，可以缩短我们与客户之间的距离，尤其是在冷场的时候能够缓解尴尬的气氛，使得现场气氛变得轻松起来。同时，幽默的话语还可以轻松地化解客户的戒备心理和敌对情绪，起到化敌为友的作用。

比如，在与客户交谈的过程中，双方难免出现意见不合的情况，或是客户故意刁难的情况。这个时候，如果我们不讲究说话方式，直来直往，肯定会让这种紧张的局面更加难堪。严重一点的话，或许会导致客户下不来台，瞬间失去合作意向。

而如果我们能够随机应变，利用幽默的话语来缓解紧张的气氛，化解客户的刁难，便可以轻松地解决问题。

可以说，幽默的力量是非常强大的，销售人员适当地学习幽默的说话方式，不仅能让自己的生活变得愉快，还可以让销售工作变得简单顺利，让自己的业绩更上一层楼。

陈卓是一家保险公司的销售人员，平时说话幽默风趣，在与客户沟通的时候，也善于利用自己的幽默。

有一次，陈卓去拜访一个新客户，谁知那位客户的态度非常排斥，脸色也非常难看。他看了看陈卓递过来的名片，随手就扔在了一边。陈卓并不介意，微笑着地说："您好，范经理，非常感谢您能抽时间见我一面，我知道您的时间非常宝贵，所以我会尽快介绍一下我们公司最近新推出的业务。"

但是那位客户还是毫不留情面地说："你不用说了。我实话实说，前几天你们公司的同事已经来过了，和我讲了很多，我根本没有兴趣买你们的东西。我之所以见你，就是想当面告诉你，我是不会买保险的，你以后别再给我打电话了。"

陈卓明白自己这次真的是遇到了比较难搞定的客户，但是自己打了这么多次的电话，好不容易得到见面的机会，怎能就轻易地放弃呢！他沉默了一下，看看自己与客户在相貌和身高上有很大的差距，便幽默地说：“范经理，我们之前那个同事没能说服您，是不是因为他的长相不如我呢？”

听了这话，这位客户感到非常吃惊，先是愣了一会儿，然后脱口就说：“他可比你好看多了，身高也比你高很多，最起码比你高一头吧。”

“那就是了，范经理，你肯定知道这句话：浓缩的都是精华。因为我的身高比他矮很多，头脑能装下的东西比较少，所以我把我们相关业务的关键信息都进行了浓缩，然后才记到大脑里。您相信我，听了我的介绍，不仅不会浪费您的时间，还能让您知道核心的信息。”

那个客户虽然有排斥心理，但并非真的不近人情，听了陈卓幽默的话语之后，哈哈大笑起来。他笑着说：“没想到，你说话还挺幽默的。那好吧，今天我就听一听浓缩后的精华到底是什么样子。现在，我只给你三分钟的时间，你就自己把握吧。”

结果，陈卓利用这短短3分钟的时间，说服了这位客户购买了一份新推出的保险业务。成交之后，这位客户并没有谈尽兴，还就“浓缩的就是精华”这件事进行了一番讨论。而陈卓的幽默风趣打动了他，使得两人从客户的关系变成朋友的关系。

可见，幽默具有不可忽视的力量，它完全可以让一个人轻易地征服他人，使得自己与别人的关系更和谐、融洽。试想，如果陈卓是一个不懂得幽默的人，客户在一开始说出无情的拒绝时，他就无法缓解这种尴尬紧张的气氛，只能快快地离开了。甚至他还会把情况搞得更糟糕，让客户对他这个人更加厌烦和排斥。

聪明的陈卓遇到尴尬的情形并没有退缩，而是用自嘲的方式让话题进行下去，这不仅缓解了尴尬的气氛，更让客户的态度发生了转变，从而漂亮地完成了签单。

对于陈卓来说，这位客户就是自己的上帝，虽然上帝准备关闭沟通的大门和窗，但是陈卓却聪明地找到一把钥匙——幽默。幽默的话语不仅体现了陈卓灵活应变的能力，更体现了他的说话技巧和为人的情商。正是因为看到这一点，那位客户才转变了自己的态度，愿意给陈卓一个机会。这是因为他深知，从这样有趣而又自信的人手里购买保险，肯定是值得信赖的。

所以，不管是在生活还是销售中，幽默的人能获得更多的机会。面对严肃的问题，他们选择用轻松诙谐的方式来应对，这样自然而然地就能轻松地化解许多冲突；面对排斥和敌对的情绪，他们懂得用幽默风趣的话语来化解，这样自然就会让对方变得轻松起来，从而化敌为友。

既然如此，想要取得更好的销售业绩，我们就要努力地学习幽默的能力，修炼幽默的心态。

1. 提高说话技巧，让自己的话拐个弯

和客户沟通的时候，难免会遇到发生冲突的时候，如果我们说话直来直往，直接反驳客户，气氛就会变得更加紧张，不利于之后的沟通和交流。

这个时候，我们不妨让自己的话拐个弯，利用幽默的方式来委婉地说出自己的内容，并且给客户几秒思考的时间，如此一来，等他明白过来就会会心一笑。

比如，我们在与客户讨论价格的时候，客户提出一个你实在不能接受的价格，并且还没有让步的迹象。这时候，你就可以幽默地说："先生，如果我同意你这个价格，就得把自己卖给公司抵账了。"

2. 学会自嘲，达成自己的目标

自嘲是一种幽默的智慧，在很多情况下，它都可以让我们轻易地走出困境，并且赢得对方的喜欢。

上面例子中的陈卓就是利用自嘲，调侃自己的身高，说自己是"浓缩的精华"，来引出自己的产品介绍也是浓缩的精华，从而打破尴尬气氛，转变客户的态度。所以，销售人员不妨适当地运用自嘲，拿自己开开玩笑。

3. 学会幽默，但是不说没有深浅的俏皮话

那些销售业绩好的销售人员，身上多多少少都有这种幽默的态度和能力。所以，我们要学会幽默，并在恰当的时候展示出自己的幽默，用幽默的话语来调节气氛。

但是有一点需要注意，我们不能因为追求幽默的效果，而说一些没有深浅的俏皮话。在说话的时候，我们要注意自己身处的环境、所面对客户的具体情况，说出幽默且不过分的话。

第4讲 Lecture 04

读心

——了解客户心理，才能应对全局

Sales and Eloquence

客户的心思别乱猜，猜来猜去都有可能失败。面对性格迥异的客户，销售人员应该如何应对?

其实，这个问题很简单，只要我们学会了读心的技巧，了解了客户的性格和心理，就能想出应对不同客户的好计策；只要我们能够掌握正确的消费心理，并且站在客户的角度思考问题，就能够轻松自如地应对全局。

根据顾客性格，选择沟通方式

俗话说“大千世界，无奇不有”。在销售工作中，我们会遇到很多客户，而每个客户的性格各有不同：有的随和可亲，有的盛气凌人；有些客户粗枝大叶，有些客户观察入微……

我们谁也不知道自己此时此刻究竟要面对怎样的客户，所以学会不同的沟通方式，灵活应对各种客户，对销售人员来说，是非常必要的。

究其原因，就是因为在销售过程中，我们所面对的对象是人，所有卖出的商品和服务归根结底都是为人服务的。研究客户的性格特征，就是了解他们的说话方式、行事风格，有利于我们有针对性地调整说话方式和销售策略。否则，即便你拥有绝佳的口才，在公共场合能够口舌如簧，也未必就能取得好的销售业绩。

在一场大型的汽车销售展会上，汽车销售员乐乐接待了一个性格非常温和的女客户。这位客户四五十岁，在展会中转来转去，好像并没有什么目标。当她走到乐乐的展厅时，在每一辆车前都看了看，并且不时发表自己的看法：“这款车空间挺大的，坐起来应该会比较舒服。”“这车外观挺漂亮的，颜色很饱满，线条也很优美。”

乐乐一直陪着这位客户，当她们走到一辆白色的新款车面前时，这位女客户没有说话，却看得仔细了很多，而且围着这车转了几圈。很显然，这位客户最中意的就是这辆车。乐乐赶紧为她介绍这款车的性能和特点，并且着重指出这是一款畅销车型，目前销量非常好，车库里只剩下几台了。

乐乐还热情地邀请她坐在车里体验一下，感觉空间的大小、座椅的舒适度，并且再一次把卖点强调了一遍。而乐乐也看得出来，这位女士对这款车非常满意。

从车上下来后，这位客户又围着这车左看看右看看，看了好半天，但最后却犹豫地说："我还是没想好，等下次再来买吧。"

乐乐深知这位客户是温和型性格，做事比较犹豫，不能很快地下定决心。但是这样的客户也比较愿意听别人的意见，只要销售人员能"推"他们一把，他们就可尽快地下决定。

于是，乐乐笑着说："女士，您的眼光真好！这车真的非常不错，刚才您已经感受过了。是不是，我说得没错吧！而且，它的销量非常好，展出没多久就已经没剩几辆了。如果您下次再来，恐怕无法现场提车了，订货的话，就不知道要等多久了。"

见这位客户快被说动了，乐乐继续说道："您看今天车展上有这么多客户，好多人都喜欢这车呢。如果您看好了，还是赶紧买了，否则就可能没有这么好的机会了。”

这位客户听完乐乐的话，立即表示要定下来，准备去刷卡。就在要刷卡的时候，她又犹豫了：“我这么快就买了一辆车，是不是太冲动了？”

乐乐决定再加一把火，笑着说：“姐姐，好的机会是可遇不可求的。今天这个展会上，我们公司已经拿出年度最低价格，售后服务也更好，而且还会送您一个大礼包。您看，今天很多客户都已经定了下来，名单都在这里了，您就不要再犹豫了！”最后，乐乐的话一说完，这位客户毫不犹豫地就刷了卡。

没错，乐乐遇到的这位客户是一位性格温和的人，属于温和型客户。所以，乐乐采取用比较强势一些的沟通策略，在关键时刻推着客户做决定，并且让客户相信她的决定是正确的，所以成交就顺利地完成了。

如果乐乐不了解这位客户的性格特征和心理特征，或是没有选择好恰当的沟通方式，等待着客户做决定，恐怕这笔订单就飞走了。

在销售过程中，想要提高自己的业绩，我们就必须与客户进行有效的沟通，具体问题具体分析，根据客户性格进行不同的沟通。

下面，我们大致把客户分为四种类型，希望大家能够根据他们的特点找到合适的沟通方式。

1. 温和型的客户

事例中这位客户就是温和型的客户。我们可以看出，这样的客户性格平和，态度友好，更愿意与别人沟通，也听得进销售人员的建议。我们想要接近他们并不难，甚至也能够成为好朋友，他们不会计较你为了推销产品表现出的过度热情。但是这类客户有个特点：没有决断力，喜欢摇摆不定，更容易在购买的时候产生选择综合征。所以，做决定对他们来说，是一件非常难的事。

对待这种类型的客户，销售人员要拿出自己的真诚，站在他们的角度来思考问题，并提供周到细致的服务。如此一来，他们就会产生同情心理和依赖心理，不好意思对销售人员说“不”字。

在他们犹豫不决的时候，我们要尽量全面地介绍产品的优点，主动解决他们的后顾之忧，并承诺好的售后服务。如果这时候他们还是无法下定决心，我们可以通过老客户转述的方式来说服，或者明确活动优惠的截止时间、产品的剩余数量，促使他们尽快下决定。

2. 控制型的客户

控制型的客户，通常情况下，自尊心都特别强，有主见且坚持自己的意见，不容别人的质疑；喜欢以自我为中心，对别人发号施令。他们通常善于把握住事情的全局和大方向，对细节方面不太重视。

在与人相处时，他们往往固执己见，容易表现出难以被说服的一面；很难给人热情、客气的感受，也不愿意给别人说话的时机。所以，这种类型的客户都是非常难以说服的，是我们不愿意面对的类型。

但是这类客户有一个很大的优点，那就是一旦你能够赢得他们的信任，他们就能够保持很长时间的合作关系，不会轻易更换产品或者服务。

所以，销售人员和这样类型的客户打交道之前，一定要做好充分的准备，用足够的数据、事实来说服她们；说话态度要特别恭敬有礼，善于称赞客户的见解与眼光，以满足他们的虚荣心；如果他们提出质疑或者意见，我们千万不要急着争辩和否定，而是先要表示对意见或建议的尊重和肯定，满足他们的控制欲望，然后再委婉地表述自己的想法。如果实在不想在某个问题上纠结，我们也可以学会在赞美之后转移话题。

此外，我们要适当地顺从客户的见解，但是不要过度地迁就对方，不因客户的骄傲和自大而屈服。销售是一门专业性非常强的工作，需要沟通的技巧，而不是卑躬屈膝地屈服于别人。最重要的是，如果我们对客户“百依百顺”，客户会觉得我们好说话，一再地得寸进尺，甚至还会质疑我们的专业性，从而产生不信任的想法。

3. 内向型的客户

很多客户的性格非常内向，通常不擅长表达自己的想法，感情也非常内敛，但是心理活动却非常丰富。他们的观察能力非常强，做事小心谨慎，不容易出错，最显著的特点就是特别挑剔，不轻易信任别人。

很多销售人员都会遇到这种类型的客户，在谈话的时候，他们会认真地倾听，不会打断销售人员的推销之辞，不会提出什么反对意见，但是也不会轻易相信对方的话，更不会轻易地被对方说服。不管销售人员怎么滔滔不绝，他们都有自己的标准，并且用自己的标准来衡量产品的性价比。所以，遇到这样的客户，我们就要把那些夸大型的说辞收起来。

当然，这种类型的客户虽然不太好搞定，但是他们却欣赏销售人员真诚的态度、自然的表情，以及实事求是的态度。所以，我们在与他们交流时不要滔滔不绝，不要用夸张的表情，也不要夸大产品的特性；不要一味地告诉他们产品有哪些优点，因为他们根本不会信。如果产品有一些瑕不掩瑜的缺点，不妨真诚地说出来，这会让我们得到意想不到的信任；如果我们能够摆出准确的数字资料，或者其他顾客反馈的分析，也可以赢得他们的信任，达到好的沟通效果。

比如，有些销售人员销售的产品属于新研发出来的，技术方面并不稳定。这并非某一家新产品的问题，而是所有同类产品都会存在的问题。这个时候，如果销售人员为了卖出产品，故意不谈技术方面的缺陷，只是强调优势和特性，或是夸大产品的优势。那么，内向型的客户不仅不会放心，反而会产生怀疑的心态，从而产生拒绝购买的想法。

如果销售人员坦诚地告诉客户，该产品属于新研发的产品，有优势也有缺点，优势能够给客户带来什么好处，缺点可能会有什么不良后果，但是总结起来，肯定是利大于弊。这样反而能让对方更信任销售人员，被其真诚、诚信所打动，从而产生购买欲。

4. 直性子的客户

这类客户的性格比较急躁，没有什么耐性，而且很容易发脾气；他们不拘小节，做什么事情只讲究个“差不多”就可以了。他们在选购商品的时候，更多的是心血来潮，只要看着好，就不会去计较价格，更不会费事去讨价还价。

这样类型的客户非常容易产生购买冲动，往往感觉差不多的时候就会爽快地购买。但是这个冲动也很容易消退，一旦过了这个冲动劲儿，可能就会取消购买计划。

所以，和这样的客户沟通，我们要抓住重点，直奔主题，直接告诉他们“我可以满足你的需求”“这个商品可以给你带来很多好处”……说话干脆利索，自信且富有激情。比如，说话时手势动作多一些，肢体动作大一点儿，不断给客户灌输产品的优势。当客户用崇拜的眼光看着你的时候，成交的时刻就到了。

对待这种冲动型的客户，我们要学会鼓励和煽动他们的热情，让他们觉得购买行为是很热血的。不要觉得这样会对不起客户，如果你在沟通时温温吞吞，没有让客户买到想要的产品，那才是真正地在浪费客户的时间。当然，我们也不能推销给他们不需要、不适合的产品。

虽然我们总结了四种不同类型的客户，但在实际销售过程中，还可能会遇到其他情况。即便如此，我们也不要着急，不知所措，只要能够了解客户的心理特征以及内心需求，根据实际情况采取不同的沟通方式，问题就会迎刃而解。

了解客户需求，不妄自揣度客户的心意

很多销售人员觉得自己有多年的工作经验，轻易不会犯错误。可事实真的是这样吗？

答案当然是否定的。没有谁能够不犯错误，也没有谁能够断言自己的决定就不会出错。然而，在现实生活中，却总是有这样的销售人员，他们总认为自己非常了解客户，了解他们的需求和动机。在交谈的过程中，他们信心满满，甚至觉得整个客户会按照他们之前的设想而轻易地成交，于是便急不可耐地替客户下决定。

但是他们忘记了最重要的一点，那就是在整个销售的过程中，起主导作用的一方是客户，他们是决定这场交易成败的人。一旦销售人员自我感觉良好，肆意猜测客户的内心，急着帮客户下决定，反而会把事情推到相反的方向，导致交易失败。

宋强是做汽车销售工作的，由于他说话坦诚，待人真诚，又能给客户提供最好的服务，所以很多客户都非常信任他，还成了他的老客户。

有一天，宋强的一个老客户专门过来找他，表示自己最近有买汽车的打算，希望宋强能够帮自己留意一下。由于之前宋强已经和这位客户比较熟悉了，对客户的兴趣爱好、消费能力都非常了解，所以便没有多加询问，而是为客户提供了几款价格在十几万的大众车型。最后，这位客户非常痛快地定下了一辆性价比比较高的POLO，并且表示五天后来提车。

宋强见这位客户这么快就成交了，还非常庆幸地想：我真是了解这位客户，替他做了一个最好的选择。

五天之后，这位客户到宋强的店里来提车，结果无意间发现展位上展示着一辆宝马越野车。他非常惊讶地说："原来你们这里也有这款新车？"

宋强以为这位客户只是想看看，便笑着回答说："对啊！这是宝马越野的新款，是我们店里新到的车型。这车的性能非常不错，您要看看吗？"

那位客户非常遗憾地说："既然你们店里有这样的车，你上次为什么没有为我推荐一下呢？真是可惜了，我前两天已经在别的店定了这辆车，就是你们家对面的那个店。"

宋强听了这话愣住了，好半天才缓过神来。他说："您让我留意一下有没有新车，我以为您会选择一款大众些的车型，所以就没有推荐这款。"

这位客户说："哦。当时我让你帮我选车，一方面是想要送我女儿一个礼物，另一方面是想给自己也换一台。我那辆车也有些问题了，早就应该换一辆高档一些的车。我觉得越野车空间宽敞，视野又好，所以就选择了这一款。如果我知道你们店里也有这款车的话，就不去对面那个店了。毕竟我们是熟人，我非常相信你的为人和服务……"

这位客户还在不停地说，但是宋强却就像吃了黄连一样，有苦说不出。

虽然宋强成功地完成一单交易，但是我们不得不说，他的这次销售任务是失败的。就是因为他自作聪明，自以为了解客户的需求和消费能力，而急着帮助客户做决定，只推荐给客户价格在十几万的大众车型，所以才错过了多么大的一个单！

试想，如果宋强能够耐心地和客户沟通，询问客户有什么需求，打算买什么价位的车，喜欢什么款式的车型，就不会白白地浪费这么好的机会了。

因此，销售人员不要再自以为最了解客户，更不要肆意猜测客户的需求，因为我们不是客户，根本不知道他们想的是什么。

那么，作为销售人员，具体应该怎么做呢？

1. 了解客户需求，钓什么鱼，抛什么鱼饵

许多人都喜欢钓鱼，那么钓鱼需要什么呢？当然是美味的鱼饵。但是这鱼饵也有很多种，不同的鱼喜欢不同的鱼饵。钓鱼者要知道什么鱼喜欢吃什么鱼饵，钓什么鱼，抛什么鱼饵。

做销售工作也是如此，我们应该站在客户的角度思考问题，把自己当成客户，如此才能弄懂客户的想法，有利于下一步的销售工作。

2. 关注客户需求变化，围绕客户需求进行销售

即便我们知道客户之前的需求和喜好，也不代表知道客户目前的需求和喜好。因为每个人都是会变的，客户的需求也是会变的。

因此，在销售过程中，我们要学着关注客户的需求变动，找出客户的诉求点，不要根据自己以往的经验和之前掌握的信息，妄自揣度客户需求，更不要急于替客户下结论。否则，只能像上述事例中的宋强一样，因为没有及时彻底掌握客户信息，没有及时关注客户需求的变化，而失去成交的机会。

3. 消费水平并不一定决定消费需求

很多销售人员认为客户的消费水平决定了他的消费需求，这句话有一定的道理，但并非绝对。

很多时候，一些客户看起来消费水平不高，或是平时没有那么高的消费能力，却也有购买价格高、品质好的商品的需求。一旦销售人员自以为是，推荐了适合却不是客户想要的产品，就会导致交易失败。

事实上，下面这个销售人员就做得非常好！

一天，琳琳走进一个家居用品专卖店。之前她经常去那家店逛逛，知道他们家的东西价格普遍比较昂贵，所以只是想进

去逛逛。即便是想要购买，也只是想要买价格在一百元左右的荞麦枕头。

琳琳刚进入这家店，销售人员就向她推荐了几款非常畅销的枕头，并且询问她是自己用还是送人。

琳琳对销售人员说："我最近睡眠质量不太好，经常失眠，想买一个比较舒适的枕头。而且，我的颈椎不太好，这也导致睡眠越来越不佳。"

销售人员听了琳琳的话，思考了一会儿，向她推荐了一个乳胶枕头，同时对琳琳说："既然您的颈椎有些不舒服，我建议您使用这种枕头。它是乳胶材质的，设计合理，可以有效地保护颈椎。而且，这种材质的枕头不容易变形，不管您躺多久都不会感到疲惫。"

琳琳用手按了一下，确实感觉这枕头的材质非常柔软。想要老公最近精神状态不太好，便询问道："我老公最近工作压力太大了，晚上休息不好，身体和精神状态都出现了问题。像他这种情况，是不是也可以使用这种乳胶枕头？"

销售人员说："如果是这种情况，我建议您给您爱人买一个茶叶枕头。这里面的枕芯是茶叶，不容易腐烂，而且有降火气和帮助睡眠的功能。再说，它的味道非常好闻，有茶叶的清香。"

琳琳对这两款枕头都比较满意，想着店里有活动可以优惠些，便问道：“我看到你们店里现在搞活动，买得多送得多。我想给我爸妈也买一对枕头，您看有什么好的款式可以推荐？”

销售人员说：“是的，我们店里正在搞活动，活动力度也非常大。如果是老人使用，我向您推荐这款决明子枕头，它对于老人的身体非常有好处，不仅可以去火清热，还能按摩头部、颈部。附近很多老年人都购买了我们这一款枕头，而且反馈也非常好。”

虽然这几个枕头加起来有几千块钱，但是琳琳还是买了下来。一方面是因为自己和家人确实有这方面的需要，另一方面是因为这家店的销售人员服务非常周到，根据自己的需要推荐了具有不同功能的枕头。

如果销售人员因为琳琳多次只是逛逛而不买东西，或是觉得琳琳没有那么高的消费水平而对她爱搭不理，恐怕就会失去这次成功销售的机会。

所以，在销售过程中，我们要学会读心，了解客户的心理特征和需求，弄明白客户真正需要的究竟是什么，而不是用自己的想法来揣度客户的需求，急着为客户做决定。

巧妙应对客户的挑剔，消除客户的疑虑

很多人时常会在商场遇到类似的情况：

销售人员："您了解一下我们新推出的产品吧，它的功能和性能都是很不错的。"

客户："新产品就是价格比较贵。"

销售人员："但是这款产品的设计非常特别。"

客户："我并没有看出来它有多特别。"

销售人员："这确实是我们的新款，现在销量特别好。"

客户："但是我看着它的质量不怎么样啊，价格还这么贵。"

销售人员：……

面对这样的情况，很多销售人员的内心会非常郁闷地抱怨："这个客户难道是来找茬的吗？"从这段话来看，这样的客户确实比较挑剔，一会儿嫌价格贵，一会儿嫌质量不好，一会儿又说设计并没有什么特别的。但是他又不想走，一直留在这里看来看去。那么，问题来了：他究竟是想买还是不想买呢？

事实上，这样挑剔的客户是有购买意向的。正因为客户对这个东西特别感兴趣，有强烈的购买欲望，所以才会进行仔细的观察。正因为他们对这个产品有兴趣，所以才会想要全面了解相关信息，以至于出现各种"挑毛病"的现象。

试想，如果他们真的不想买，或是对产品不感兴趣，怎能把自己的时间和精力都浪费在产品上呢？难道客户真的是吃饱了撑的？

世界上著名的销售大师汤姆·霍普金斯就把客户的挑剔看作金子，说："有人提出异议，销售员就相当于遇到个金矿，如果销售员听到不一样的声音，无疑就开始挖金子了。"

事实正是如此，如果一个客户对你的产品没有任何反应，不管你说什么话，不管你做怎么样的展示，他从头到尾都不对你的产品做出评价，可以肯定的是，这个客户根本就没有一丁点儿的购买欲望，对你的东西没有一点儿兴趣。也就是说，你的产品好不好、贵不贵跟他没有任何关系，也不会对他有什么影响。

所以，在销售过程中，如果我们遇到了喜欢挑剔或总是批评你产品的客户，千万不要抱怨，或是表现出不耐烦的情绪，而应该耐心地阐明产品的优势，详细地介绍产品的特征，一一解答客户的问题。当客户的问题得到解决之后，距离成交也就不远了。

孙老板是做家具销售的，有一家规模不小的家具店。虽然这条街都是家具店，款式各异，价格不等，但是孙老板的生意却非常好，比其他店面都要兴隆很多。这也是有原因的，我们不妨来看看孙老板是如何做生意的！

一天，孙老板正在店里忙活，进来了一个打扮得中规中矩的客户。只见这个客户不紧不慢地在店里转来转去，看看这款沙发，看看那款柜子，孙老板则安静地陪同着，没有说什么话。

最后，这位客户停在一组沙发前，用挑剔的口吻说：“你们的沙发看起来也没什么特色啊！这款沙发虽然看起来不错，但总感觉缺少些什么。”

孙老板笑着走过来，对客户说：“我店里的沙发虽然不是最好的，但是质量有保证，结实又环保，坐起来非常舒适。其实，沙发好不好，主要看是否舒适，要不您坐下来感受一下？”孙老板一边说一边请客户坐下，并且把茶水和零食拿了过来。

这位客户坐下来，又看着沙发说：“这沙发的款式也不是最新的，其实我更想买一套新款的沙发。”

孙老板继续笑着说：“您说得对，这款沙发并不是最新款式，不过却是这个品牌的经典款式。您看它做工精细，外观大气，摆在家里多长时间都不怕过时。”

可是这位客户还是有些不满意，又挑剔起价格来。他摇着头说：“既然不是最新款，价格怎么这么贵，你这里能打几折？”

孙老板没有丝毫的不满和反感，而是认真地解释说：“先生，这套沙发是我们店里质量最好的，品牌也有品质保证。常言说，一分钱一分货，您看看我店里的这些沙发，就属这款卖得最好。而且，我们的价格非常合理，都是工厂价，没有多少利润。您看看这条街上的其他家具店也有这款沙发，但是没有比我这里更实惠的价格了。如果您不放心，买贵了我给您退款！”

最后，这位客户还是买下了这一套他挑来挑去的沙发。

看看这个客户，从进店之后就百般挑剔，不是怀疑档次就是嫌弃款式，要不就是挑剔价格，但是孙老板并不生气，反而心平气和地和客户沟通，打消了客户的种种疑虑。正是因为如此，孙老板才成功地卖出了产品。

可以说，孙老板非常精明，他清楚地知道，既然客户对这个沙发感兴趣，那么就有购买的意图。而他不断地挑剔，不是想要得到老板的“支持”，消除自己的疑惑，就是想要杀价，以便获得各种优惠。

这样的情况正好体现了销售学中的一个规律，那就是嫌货不好的人，才是真正想买的人。这类客户表面上是在挑产品的毛病，实际上是因为他们对产品有足够的了解，堪称行家，所以才会对产品提出各种质疑。

那么，作为销售人员，究竟如何应对客户的挑剔呢？

1. 不要心怀抱怨，更不要表现得不耐烦

销售人员时常会抱怨现在的客户越来越挑剔，生意越来越难做。所以，很多销售人员不喜欢挑剔的客户，觉得他们很麻

烦，没事找事。而一旦产生了抵触情绪，销售人员就会用不耐烦的态度来对待自己的客户，甚至胡乱发脾气。

事实上，一旦你有了这样的想法，就会与潜在客户失之交臂，失去成交的机会。因为很多具有强烈购买欲望的客户都喜欢挑剔，这是他们了解产品、讨价还价的一种手段。

比如，汽车销售员向客户介绍一款汽车，把这辆车的性能、参数、优势都介绍得很详细了，如果客户有购买的欲望，他们就会在销售人员介绍的时候，不断地询问各种细节问题，还会不断地挑毛病。

可如果客户对这辆车没有兴趣，即便销售人员说得口干舌燥，对方也只是笑而不语，更不会提任何意见。

2. 不要急着否定客户，而是抓住客户心理，一一解决问题

很多时候，销售人员会遇到这样的情况，即客户对产品的否定和意见贯穿了整个销售过程。

这个时候，聪明的销售人员绝不会把这个视为销售的阻碍，而是把它当作了解客户需求和心理的机会。只要我们能够一一解决这些问题，成交就会成为自然而然的事情。

所以，遇到一个喜欢挑剔、常给产品差评的客户，销售人员千万不要急着否定客户的购买倾向，而要从客户的心理需求出发，突破客户心理，这才是最好的办法。

3. 给客户安全感，尽快达成交易

每当我们下决心购买一个新产品时，总会有各种疑虑，比如价格是否比其他产品贵、质量能不能保证、售后好不好……

客户有这样类似的心理非常正常，因为他们怕吃亏上当，担心物非所值。正是这种不安全感，促使他们总是犹豫不决，挑产品的毛病。

这个时候，销售人员如果能够给客户足够的安全感，打消他们内心的疑虑，就能尽快地达成交易。

销售人员在与客户沟通的时候，应该尽可能地告诉客户“这件商品是物超所值的”，展示出产品的优势，肯定产品的价值，同时要学会向客户承诺产品的售后服务；学会赞美客户，赞美他们的正确选择，赞美他们花钱买到好东西。通常，这样的方式都能够打消客户的不安，愉悦而又迅速地成交。

总之，销售的过程就是不断解决问题的过程，我们应该做到不抱怨、不埋怨，面带微笑，多一点儿耐心和诚心。

给客户带来新的体验，帮助客户解决困难

许多销售时常这样抱怨：现在销售越来越难做，市场正在萎缩，竞争实在太激烈了。不过，这是一个充满危机的时代，

也是一个充满机会的时代。就是因为销售的前景不太客观，我们才会更努力地发现商机。

我们的身边处处都是商机，就看销售人员是否能够捕捉到商机，并利用这个机会好好地发展。

某高档小区附近有甲、乙两家川味饭店，主打的菜品差不多，消费也是同等水平，就连环境、装修也非常相似，都是地道的川蜀风格。可以说，这两家竞争对手势均力敌。

但出人意料的是，甲饭店没有多久就贴出“转让”的启事，而乙饭店则生意越来越红火，还在第二年扩大了店面，升级了装修。为什么会出现这样截然不同的结果呢？

究其原因是服务理念和销售理念的差异。甲饭店距离小区大门比较近，一开始大部分人会就近选择这家饭店。尤其是带着孩子的一家三口，更是因为方便而选择这里。但是，很多人去了没几次，就再也不会光顾他家了。

我们都知道，家长带着孩子去吃饭，通常都是先把孩子喂饱，然后再自己慢慢地吃。但是孩子耐心比较差又坐不住，免不了到处玩耍。面对这种情况，这家饭店的服务员却表现得非常差，甚至时常和孩子家长发生冲突。

一次，一个四岁的小朋友跟着家长到这里吃饭，吃完饭之后，就自己一个人跑来跑去，洗手、上厕所、晃椅子玩……尽管家长多次提醒和教育，孩子还是有些淘气。这时候家长也非常烦躁，想要早点儿吃完饭，好好地管束孩子。

谁知，这里的服务员竟多次拉着脸责问家长：“请看好您的孩子，否则出了问题谁负责呢？”“您就不能看好自己的孩子吗？出了问题，我们可承担不起！”这让家长非常反感，因为他们已经尽力管教自己的孩子了。

后来，这个客户带着孩子去了一次乙饭店，一进门，服务员看到客户带着孩子，便关切地问：“您好，需不需要给您的宝宝准备一个餐椅呢？”

家长觉得服务员想得很周到，而孩子在餐椅上吃得也比较开心。等孩子吃饱后，又想到处玩耍。这时候，一位年轻的女服务员过来了，把孩子带到饭店角落的儿童玩具区去玩耍。这里就是一个小型的游乐场，有木马、积木、滑梯……

这一次，孩子玩得非常开心，而那位服务员把孩子照看得非常好。这位客户感受到了不一样的服务，也感到了商家的贴心。

如果是你，你会选择哪一家饭店？答案是不言而喻的。哪家会经营不下去，哪家会生意兴隆，结果也非常明显。所以，想要吸引客户并且成功成交，销售人员就必须了解客户的需求，给客户带来好的体验，帮助客户解决困难和疑惑。

销售人员不要抱怨找不到推销的机会，也不要抱怨客户的心理难以捉摸，好好地沉下心来，琢磨一下客户的需求，比如客户在困惑什么，遇到了什么问题和麻烦……猜透客户的这些心思，并且帮助他们解决问题，就可以帮助我们找到销售的机遇。

索尼随身听的故事，大家都熟悉吗？下面我们不妨来看看这个故事：

索尼的创始人井深大先生十分喜欢听歌剧，只要有时间，他就会用录音机来收听歌剧。但这有一个缺陷，那就是受到地点的限制，不能随时随地地收听。一直拎着庞大的录音机，实在是太麻烦了。

有一次，井深大先生和自己的同事盛田昭夫抱怨这个问题。盛田昭夫灵机一现，就研发出了一款迷你录音机，这就是风靡全世界的“Walk man”。小小的录音机，方便携带，音质也很好，满足了喜爱听音乐的客户的需求，很多就成为风靡全球的产品。

我们还知道，方便面是日本人发明的，也是基于客户的需求而出现的。日本人喜欢吃面条，几乎是每天都要吃，这是他们的传统主食。但是日本人也是出了名的爱惜时间，他们每天跑着工作、坐地铁、去约会。

可是，每次为了吃到美味的面条，他们都需要在饭店面前排长长的队，不管是寒冬腊月，还是酷暑时节。于是，有些人时常抱怨说：“每天排长队去吃面条，简直是太浪费时间了。我们在其他事情上争分夺秒，节省出来的时间竟然全部浪费在这上面。难道就没有什么两全其美的方法吗？既能够让我们吃到美味的面条，又可以让我们节省时间？”

这时，一位名叫安藤百福的人关注到了这个问题，他认为这是很多客户的需求，而且客户群非常庞大，谁能够抓住这个商机，肯定能获得一大笔财富。

经过不断的实验，他终于研发出了一款简单易熟的面条，用热水一泡就可以吃，省时又美味。这就是最初的方便面，而方便面一经问世就成为全世界最流行的食物，深受广大客户的喜欢。

所以，成功的销售建立在满足客户的需求之上，从而帮助客户解决难题。所以，我们在与客户的沟通中要抓住这个关键点，尽量给客户带来最新、最好的体验和感受。如此一来，客户的需求才能成为我们的商机，顺利完成销售任务。

具体来说，销售人员需要做到以下两点：

1. 把落脚点放在客户的需求之上

从客户需求出发，是最有效率的销售办法，这样的方式通常比销售人员喋喋不休地诉说产品优势、价格的优惠更有效。我们知道，销售的核心是客户，应以客户为中心，而不是以自己的产品为中心，更不能以自己的业绩为中心。

所以，在与客户沟通之前，我们必须弄明白一系列问题，即客户为什么要买这个产品，有什么要求，需要解决什么麻烦和困难等。

2. 给客户带来新的感受

除了以客户需求为根本外，我们还要关注客户的感受，并致力于给客户带来新的感受。只有我们能够提供不一样的服务和产品，区别于其他竞争者，才能在众多的竞争者中脱颖而出。

就像事例中的乙饭店，他们看到了客户需要照看孩子的需求，不仅帮助客户照看了孩子，还为孩子提供了游乐场所，让孩子和家长愉快地进餐。这就是给客户带来的新的感受，从而受到客户的欢迎。

设身处地，站在客户的立场上

英国有句俗语："想要知道别人的鞋子舒不舒服，只要穿上对方的鞋走走就能明白。"这句话的含义非常简单却又具有深意，意在告诉我们：想要了解别人的想法不能想当然，而是应该设身处地，站在对方的角度去考虑，从他们的立场出发去思考。这样一来，我们才能挖掘对方看问题的角度和方法，掌握对方最真实的需求。

在销售中，我们更应该记住这句话，设身处地为客户着想，并且把自己放在客户的位置上，为他们提供最需要的产品和服务。同时，我们还要照顾客户的内心感受，切不可说出让客户尴尬和不舒服的话。

张大妈平时喜欢自己一个人到街上逛逛。这一天，她在街上看到一家新开业的手机大卖场。想到自己的手机电池越来越不耐用，每天都得充好几次电，既耽误事又麻烦，张大妈便来到这家手机店，看看有没有适合自己的手机。

新店开张，销售人员都非常热情。张大妈刚进门，一个帅气的销售人员便接待了她，特别热情地引导着她看各种新款式的手机。只见这位销售人员嘴里说着各种专业名词和数据，如内存、屏幕尺寸、毫安……说得张大妈脑袋晕晕的，因为她对于这些东西一点儿都不了解，而且对于年纪比较大的她来说，手机的功能是不是适合老年人，价格是否合理，才是她最关心的问题。

于是，张大妈打断小伙子的话，拿出自己的手机，对他说："小伙子，我的手机现在还能用呢，就是电池有点儿毛病。我就是来看看，不一定要买新的。"

这位销售人员看了一眼张大妈的手机，随口就说："阿姨，您这手机有点儿年头了吧，是不是用了很多年？这款手机现在肯定不流行了，而且手机屏幕已经模糊了，照相都看不清。而且，这手机的款式也太老旧了，玩个斗地主游戏都费劲吧。您赶紧换个新手机吧，我们这里有很多新款手机。”

销售人员的声音比较大，不仅张大妈听得清清楚楚，就连周围其他客户都听得一清二楚，还有些人扭过头来向她这边看。这让张大妈感到非常不舒服，心想：“我就是来看看有没有合适的手机，你介绍就介绍吧，干吗在这里说我的手机怎么怎么破，这不是当着这么多人的面给我难堪吗，真是没有礼貌！”张大妈狠狠地瞪了这个销售人员一眼，没有说什么话便想要离开。

这时候，一直在旁边忙碌的销售主管赶紧走了过来，让那位销售人员去招待其他客户。销售主管面带微笑，非常抱歉地张大妈说：“阿姨，您别生气，这小伙子刚来没几天，说话没有礼貌，您老别往心里去啊。”

见张大妈的脸色好了些，销售主管接着说：“阿姨，我能看看您的手机吗？嗯，这款手机可是个经典款式，质量非常好。我还给我妈买过这款手机呢，她前一段时间还用着呢。不过，她跟您说的一样，这手机其他方面都挺好的，就是电池有点儿不耐用。我妈前两天还让我再给她看看，店里有没有像这样实惠、质量又好的手机呢。”

张大妈听着销售主管的话，心里舒服了很多，听到主管的妈妈和自己使用同一款手机，便和销售主管聊了起来。聊了一会儿，销售主管问道：“阿姨，我看您这个手机还挺新的，不知道除了电池不太耐用，还有没有别的问题呢？”

张大妈回答说：“别的问题倒是没发现，就是频繁地充电实在太麻烦了。有时候我在外面想给我家老头子打个电话，可电话刚打一半它就没电了。老头子还担心出了什么事情呢。”

销售主管继续问道：“这确实是个问题。除了打电话不方便，其他时间比如看新闻、听广播也会出现这种问题吧？”

张大妈立即点头说：“姑娘，你说得没错。平时在公园里，我想听广播、歌曲，可一会儿它就没电了。人家别的老太太都能拿着手机听广播、看视频，我就只能干着急。”

销售主管见张大妈已经一步步地认识到了手机的问题，便继续说道：“阿姨，您这个手机如果要是换个电池的话也不便宜，好一点儿的电池都要好几百呢。我建议您还不如再加点儿钱换一个实惠耐用的老人机，我们店里有好几款老人机，充一次电能坚持两三天。而且，这几款手机是大屏幕，声音比较大，非常适合老人家使用。我就给我妈选了一部。最重要的是，手机老是突然没电，万一遇上点儿紧急的事情，家人联系不上您的话，肯定也非常着急，您说对吗？”

张大妈听了这话连连点头，觉得对方的话说得非常在理，而且都是为自己着想。于是，张大妈便对销售主管说：“姑娘，你妈妈用了哪一款手机，也拿给我看看。如果合适的话，我就买这一款了。”

最后，张大妈高高兴兴地拿着这款新手机走出这家店，刚刚出门就给老伴打起了电话。

同样是向张大妈推销手机，为什么年轻的小伙子失败了，还惹得张大妈不高兴，而销售主管却哄得张大妈高高兴兴地买了手机呢？

其实，这就是说话的技巧，更是掌握客户心理的技巧。虽然年轻小伙子的话说得没错，这手机又旧又破，还有很多问题，但是他没有站在客户的角度考虑问题。面对一个年纪大的客户，自然不能用对待年轻人的方法去推销，一味地强调手机的新功能，而是应该考虑老人的需求——实用、实惠。更何况，这小伙子为了卖出手机，使劲贬低客户的手机，又怎能让客户心里舒服，赢得客户的喜欢呢？

再看看销售主管：她首先对张大妈的手机给予认可和赞扬，还说自己的妈妈使用的也是同一款，一下就拉近了自己与客户之间的距离，使得之后的沟通变得有“人情味”。在接下来的沟通中，她站在客户的角度分析了旧手机的不利之处，明确了新手机给客户带来的好处。这既不夸大也不偏离，非常照顾客户的感受，试问，这样的销售怎能不打动客户呢？

所以，销售成功的关键就是站在客户的角度设身处地地为客户的实际需求和感受着想。做到了这一点，销售还会不成功吗？

循循善诱，确定客户的购买需求

善于沟通的人都明白一个道理：想要与人沟通得融洽、顺利，做到“知己知彼”是至关重要的。虽然这是古人时常运用的兵法，但是在现代商场上同样有效。尤其是在与客户的沟通中，销售人员如果能够在客户的言语中捕捉到有价值的信息，真正了解客户的所思所想、性格特征、兴趣爱好以及内心需求等关键信息，就可以主导整个销售的进程和结果。

正因如此，销售人员就应该有这样的意识，不仅要介绍自己的产品信息，还要给客户说话的机会。多提问，了解客户的相关信息；循循善诱，挖掘客户的内心需求。

这一天，陈阿姨来到集市上，看到水果摊位上摆放的都是当季的新鲜水果。然后，她问一个摊位的摊主说：“这李子是刚摘的吗？味道怎么样？”

见有客户上门，摊主很热情地问：“我这李子都是新鲜的。您就放心吃吧，每一个都超级甜。”

但是陈阿姨并没有购买，而是走到下一个水果摊，问了摊主同样的问题。

显然，这个摊主也听见了她刚才的对话，就笑着说：“您看我这里的李子都是很新鲜的，酸的、甜的、酸甜的，什么口味都有。您喜欢偏甜一点儿还是偏酸一点儿的口味呢？”

陈阿姨听摊主这样说，便说道：“你给我来点儿酸一些的吧，少来点儿就行了。”

“没问题，您看看这些李子都是刚从树上摘下来的，保准您酸得爽口。”在摊主的帮助下，陈阿姨挑拣了一些小个子的李子，高兴地付完钱就走了。

走到街头，陈阿姨路过一家比较大的水果摊儿，这个摊主是个开朗爽快的人，看见她手里拿的李子，就热心地问：“阿姨，人家买水果都是挑个头大的，我看您挑的李子都是偏小的啊，这样的李子可能会比较酸。”

“你说得没错，我就是要买酸一点儿的。这李子不是我自己吃的，而是买给我闺女吃的。她刚刚怀孕，吃什么东西都没有胃口，就想吃点儿酸的水果。”陈阿姨一提起女儿怀孕的事情，脸上带着喜悦的神色。

这位摊主听了这话，便夸奖陈阿姨说：“阿姨，您这当妈妈的可真是细心啊！您闺女有您这样的妈，真是幸福！回头闺女给您生一个大胖外孙子，你就等着乐吧。”摊主的这一番话，既夸了陈阿姨，又说她能抱个大胖外孙子，听得陈阿姨真是心花怒放。

陈阿姨和这个摊主聊了一会儿，见这个水果摊上的杏很不错，便想着挑些酸酸的杏给女儿吃。

可这个摊主却真诚地说:“阿姨，这酸的水果吃多了也不好，容易伤胃，还可能把牙酸倒了。您还是给闺女准备点儿好吃又有营养的水果吧。您知道孕妇孕早期需要多补充什么营养吗？”

阿姨有些疑惑地说:“听说孕妇需要补叶酸和维生素，但是具体情况我也不是很清楚。”

听了陈阿姨的话，摊主说:“阿姨，孕妇确实要全面补充维生素，这不仅对孕妇的身体有好处，还有利于胎儿的发育。我这有一种水果，富含维生素，也不算太甜，既可以满足您闺女的口味，又可以避免孕妇的血糖太高。您不如选一些吧！”

“是什么水果啊？苹果吗？”陈阿姨显然被激起了兴趣，急切地问道。

摊主笑着说:“阿姨，这水果就是猕猴桃。我这里的猕猴桃非常不错，许多孕妇都来我这里买，说味道好，营养也丰富。我也是听这些孕妇说的，说它富含多种维生素。”

“真的是这样吗？那我也买点儿给我闺女尝尝，你帮我挑点儿好的。”陈阿姨立即说。

摊主高兴地给陈阿姨称了一些猕猴桃，接着说:“阿姨，现在人们吃水果都讲究新鲜，要求不打农药、绿色无污染。我们店里专门销售这样的水果，虽然价格比其他摊位贵一些，但是很多老客户都喜欢来我店里买，说吃着放心。您闺女孕期需要多吃水果，还是应该多吃绿色、无污染的，您说对吧。以后啊，您要是想买水果就上我这儿来，我给您挑最好的，还给您一定的优惠。您看可以吗？”

陈阿姨当然在意闺女和孩子的健康，便爽快地说：“那可真是太好了！我平时都是在这里转来转去的，不知道到哪里去买好的水果。现在，我就认定你家了。”后来，陈阿姨就成了这家水果摊的老客户，几乎每天都光临。

我们可以看看这三个水果摊的老板，同样是做生意，销售方法却完全不同。

第一个摊主是你买我就卖，没有多余的提问，只是关注自己的产品，不在乎客户的需求。所以，客户需要酸味的李子，他却向客户推荐甜味的李子；第二个摊主知道询问客户的口味，却没有更多地了解客户，深挖客户的需求，只知道客户想买酸的李子，却不知道客户是给女儿买的；最厉害的要数第三个摊主，他通过和客户聊天，了解了客户的深层需求——为女儿买开胃的水果。之后，他又循循善诱，一步步地引导客户购买营养高、绿色无污染的水果，最后还把客户发展成为老客户。

可以说，第三位摊主的销售是最成功的。作为销售人员，我们要学习第三位摊主，通过各种方式了解客户，收集客户信息。这样一来，我们才能确定客户的深层次需求，成功地推销出自己的产品。

同时，在与客户的沟通过程中，信息对称非常重要。销售人员一方面要详细介绍产品各方面的信息，让客户了解自己的产品；另一方面，也要通过提问的方式来探知客户的信息，以便做到“知己知彼”。因此，我们要鼓励客户说出他们的故事，并且记住他们透露出的有用信息，比如年龄、职业、出生地、兴趣爱好等。同时，沟通要深入一些，提出精准的问题，把话聊到客户的心里去。

第5讲 Lecture 05

推介

——进行完美宣传，拨动客户心弦

Sales and Eloquence

产品不会自己说话，销售人员就是产品的代言人。但是产品说明书那么复杂烦琐，销售人员怎么才能让客户听得懂、听得进去，并且被深深打动呢？这就考验销售人员的语言能力了。

简单来说，推介产品时，销售人员要做到：语言精练，要点突出，有节奏地把客户带入销售情境之中。

有针对性地推介，紧紧结合客户需求

很多心理学家研究发现，人们最关心的就是那些和自己有紧密关系的东西，不管是人还是物。购买物品也是如此，客户总是喜欢从自己本身出发，容易选择那些符合自己需求的产品。

这就要求销售人员在向客户推荐产品的时候，一定要紧紧结合客户的实际需求，把产品的优势特色与客户需求紧密对接。也就是说，销售人员的目标是从需求出发，然后投其所好突出产品的特点，介绍产品的优势，这样才能提高自己的沟通效率和成交率，否则即便你说破嘴皮，也只能是在做一场无用功。

小齐是一家大型房产连锁公司的金牌推销员，工作业绩非常突出，总是能够在很短的时间内就为客户找到最合适的房子。同事们都不明白小齐是如何做到的，以为他有什么秘诀和绝招，只有他自己知道这个秘诀其实很简单，那就是了解客户的需求，根据客户需求来推荐，而不是直接向客户推介自己觉得不错的房源。

这天，小齐接待了一个三四十岁的客户，一看就是职场精英，进店之后就着急地想要看店里的现有房源。小齐简单地向这位客户展示了自己手里的现有房源，但是这个客户好像都不是十分满意。

同时，小齐发现客户不时地看表，好像非常着急。见此，小齐便说："先生，您是不是有急事需要处理？这样吧，您给我留下一张名片，等我手里有合适的房源就给您打电话。您看可以吗？"这位客户果真爽快地答应了，然后匆匆地离开。

这位客户走后，小齐并没有继续其他工作，反而认真地研究客户的名片。原来这个客户是一个旅游协会的会员，还担任了旅游协会的主席。小齐猜测，这位客户之所以着急找房子，可能是需要参加各种活动，尤其是各种商业展会的场地，作为会长，他需要组织会员参加各种活动，为会员谋取各种福利。

了解到这些信息，小齐知道这位客户真正需要的房子，位置最好在市中心，且空间比较宽敞，应该是一个大户型。在这些条件的基础上，小齐很快就找到了一个新的房源。

第二天早上，小齐拨通了这位客户的电话，说："先生，您好。我帮您找到了一处新房源，那里交通便利，位置优越，活动空间也非常大，既可以自己家住，也可以作为商业用房。您看您有时间去看看吗？"

这位客户听到这里，马上就答应了先去看房。果然不出小齐所料，客户对这个房子非常满意，当下就签订了长期的租房协议。

事后，一个同事对小齐非常崇拜，同时也提出心中的疑问：“齐哥，一夜之间你哪弄来的新房源？还那么幸运，正好是客户想要的房子。”

小齐笑了笑，说：“其实，这只是从我们现有的房源中挑选出来的。因为我知道了他的内心需求，根据这个需求进行了筛选和甄别，然后选中最合适的房子推荐给他。这样一来，自然就轻松地拿下了客户。”

没错，小齐的成功秘诀就在于他能快速地从现有信息中分析出客户的实际需求，并且有针对性地分析，有重点地遴选。他从客户的视角出发，考虑到交通便利和便于举办商业活动这两点，而这正是客户最看重、最迫切的需求。

因此，真正掌握了客户的需求，销售人员才能轻松而成功地实现自己的销售目的。不过，在实际销售过程中，很多销售人员却不能很好地做到这一点，因为他们只是根据产品的说明或是自己的信息资料进行推荐，没有进行有针对性的推介，导致客户没有产生购买冲动。

那么，如何从客户需求出发打动客户呢？

1. 定位好产品优势，熟知产品卖点

每个产品都有自己的优势和卖点，说明书上写得太过详细复杂，甚至有的商品说明书有十几张纸。这时销售人员就需要把这些抽象、静态的东西进行筛选，结合客户的购买需求突出产品的优势，然后把这些优势转化成能打动客户的卖点。

销售人员只有事先了解客户的需求，才能有针对性地展现产品的优势。所以，销售人员熟知产品的销售卖点，定位好产品优势。比如，客户的消费能力如何，最需要什么样的产品等。如果客户注重设计，我们就要突出推荐设计感强的产品，讲解产品的设计优势。如果客户注重实用，我们就要着重推荐实用性强、性价比高的产品。

面对客户的不同需求，销售人员对同一系列的产品要做到心中有数，根据实际情况确定到底要推销哪一款。

2. 学会分析客户需求

实际上，我们的产品是固定的，客户却是变化的。面对众多客户，我们如何根据客户需求来介绍产品的亮点呢?

首先，可以筛选出客户群，分析这类客户群的共同特征，然后再进行具体定位，确定客户的最终需求。在分析客户需求时，我们可以从客户的职业或者家庭入手，探知客户的消费价值观，挖掘客户内心深处的消费需求；还可以从客户的性格和兴趣爱好入手，了解他们的真实想法，或从他们习惯的话术入手……

3. 搭建商品优势和客户需求之间的“桥梁”

如果客户没有购买需求，我们的产品优势再明显、价格再合理，恐怕都无法打动客户。但是，如果我们已经确定了客户确实有需求，而且购买的可能性很大，就要想方设法展示产品的优势，并把产品优势和产品需求结合起来。

只有我们在产品优势和客户需求之间搭建起桥梁，让客户明白自己真的需要这个产品，并且能从中获得好处，就会尽快地做出购买的行为。

4. 抓住机会，把客户需求变成实际的购买行为

客户需求具有多变性和多面性，这让我们的销售工作变得有难度。这就要求销售人员和客户沟通的时候，积极引导，因势利导，挖掘出客户的实际需求。我们可以根据客户购买商品的要素，比如功用、款式、价格等，清晰分析客户内心并不明确的需求。

同时，有时客户的需求转变得比较快，所以我们要抓紧机会，引导客户做决定，以防错失好的机会。

总之，客户的需求是销售人员推介产品的根据，我们要把握好客户的需求，把产品优势和客户需求更好地对接。但是需要注意的是，我们不要为了销售而一味地被客户牵着鼻子走。

制造悬念，巧妙地在客户心中植入亮点

一部电影或者电视剧在上映之前，发行方都会用各种方式进行宣传推广。其中最常用的手法就是，把整部电影或是电视剧中最有吸引力的镜头剪出来放在一起，然后通过各种渠道展示给观众，吊足观众的胃口。剪辑的镜头越是具有吸引力，票房或收视率就越高！

而发行方的聪明之处在于，在最短的时间内呈现出最有亮点的东西，迅速地吸引观众的注意力。

在销售中，向客户推介和介绍产品也是同样的道理。面对不了解我们商品的陌生客户，想要尽快吸引客户的眼球，让他们认真地听我们说话，就必须拿出自己产品的最大亮点，并且把它当作卖点。

曾志是一家广告公司的老板，也是这家公司的首席设计师。他设计的作品，大多受到客户的欢迎，有的还被评选为最佳广告。他经常和员工分享自己的设计理念，那就是：在你设计作品的过程中一定要突出亮点，抓住对方的眼球，把最突出的亮点刻在客户的脑子里。

有一次，曾志给新手设计师进行专业培训，讲话前先给大家放了一个广告片段：

画面中呈现的是大西北的风景，漫天风沙中，只看见一条通往远方的公路。数十里之内没有一户人家，只有一个二十几岁的大男孩站在公路边。许多车辆在他身边呼啸而过，他伸出一只手，想要拦住一辆车。但是过了很久，都没有一辆车停下来。

功夫不负有心人，终于有一辆车在他面前停了下来。男孩看着车窗降了下来，里面坐着几个过路人。人们等待着男孩说话，谁知这男孩却问道:“你们认识马师傅吗？他到这里了吗？”车里的人摇了摇头，说:“你说的马师傅是谁？他是干什么的？”男孩并没有回答，而是站到原来的位置，让那辆车离开了。

这个广告到这里就停止了，第一部分结束了。这些新晋的设计师感到迷茫，谁也不知道它究竟在讲什么。同时，大家还产生几个疑问: 男孩问的马师傅究竟是什么人？他找马师傅究竟有什么事情？

曾志显然也看出了大家的疑惑，但没有说什么。接着，他又继续播放广告的第二部分。为了寻找答案，设计师们提起了精神，关注着广告的画面。

只见这一次广告主人公还是那个大男孩，只是换了个地方。他还在路上问路过的车辆:“你见过马师傅吗？他来这里了吗？”

广告的后两个部分同样如此，同样的人，同样的道路，同样的大西北，都是这个男孩正在打听一个叫“马师傅”的人。可是到了最后，这个“马师傅”也没有出来！

广告结束后，所有设计师都议论起来，猜测这个“马师傅”到底是什么人，他到底是做什么的？看到大家的好奇心被吊起来，曾志知道自己的目的达到了。

他先是示意大家安静一下，然后说：“这个广告非常经典，它不同于我们平时看到的。它属于系列广告，总共有四集，就和我们观看的电视剧一样，今天放第一集，明天放第二集，在同一电视台的同一时间播放。当时，所有观众的反应和大家一样，都急切地想知道马师傅是谁，有人还专门到网上去查询。可所有的人都不知道究竟谁是‘马师傅’。”

说到这，曾志停顿了一下，然后说道：“20多天后，某汽车润滑油品牌推出了一款新产品，名字就是‘马师傅’。一时间，观众的反应非常强烈，而这个广告也收到了很好的效果。”

听了曾志的话，所有的设计师都感慨这个广告创作者的创意和才华。

曾志接着说：“大家都知道，一则广告的时间非常的短，只有几十秒，甚至几秒。可就是这么短的时间，却要求我们能吸引受众的目光，最好能做到让受众过目不忘。而要做到这一点，我们必须突出一个特殊的点，或是制造悬念，或是突出优势，然后再把这个有趣的点呈现出来，让广大受众过目不忘。”

没错，“马师傅”的广告之所以有很好的效果，是因为它给观众制造了一种悬念，不断地强调这个名字，却不让产品出现。在人们的好奇心和兴趣都被调到最高点的时候，它再介绍自己的产品，这样的广告怎能不让人印象深刻呢？

同时，在广告中，设计者特意选择了风沙比较大的西北地区，就是为了突出“马师傅”润滑油性能好、适应强这一特点。而且，“马师傅”这一好记又有趣的名字就是这一款产品的亮点。广告反复地突出这一点，自然就吸引了客户的注意。

在销售过程中，销售人员想要消除陌生人之间的不信任与疑虑，让客户更愿意和我们交谈，对我们产品有兴趣，就需要通过设置悬念、提问等方式提高对方的期待感。当我们把产品最具吸引力的亮点展示出来的时候，自然也就可以成功地吊足了客户的胃口。

所以，与客户谈业务之前，我们不妨想想自己的亮点是什么，然后想办法把这一亮点植入客户的心中。

渲染痛点，扩大客户“不买”的损失

不是所有人都喜欢立即解决难题，也并不是所有人都有当机立断的能力。由于性格、习惯或者经历等，有些人明知道自己手里的麻烦应该及时处理，但总是犹豫不决，不敢或是不愿意采取措施。

或许他们想再等一段时间，等待合适的时机再做决定，也或许他们不相信自己，想等到自己的能力更强一些再解决问题。可不管怎样，这样的人都不能决断，需要别人的鼓励或是推动。

在销售过程中，销售人员也会遇到这样的客户，他们虽然有真正的需求，并且有购买的欲望，但总是因为种种原因而无法下定决心，不能积极地成交。这时候，销售人员就应该积极一点儿，“帮一帮”客户，帮助他们早下决定。

那么，我们应该怎么帮助这些客户呢？其实，最好的办法就是渲染痛点，直接告诉客户如果现在“不买”的话，他将要面临很大的损失。一旦让客户意识到自己的犹豫不决会引起重大问题，会给自己造成很大的损失，他们自然就会立即做出决定。

小米最近跳槽到了一家人才网站，工作职责是与企业进行联系，促成企业在他们网站或者举办的招聘中发布招聘信息，当然这是需要付费的。

小米联系了一家大型公司的人力资源总监宋主任，想要促成合作事宜。可她和宋主任沟通了几次，还登门拜访过两次，但是宋主任总是犹豫不决。

小米感到很苦恼，便向自己的上司请教，究竟如何劝说宋主任。上司听了她的话笑了笑，便告诉她一个秘诀。小米听了心领神会，便想着第二天再尝试一下。

第二天，小米又来到宋主任的办公室，轻轻地敲门进去后直奔主题地说："宋主任您好，我是 xx 人才网的客户专员，我们之前打过电话也见过面。贵公司现在有需要招聘的岗位吗？"

宋主任看来人是小米，知道她来的目的，便不紧不慢地说："我们确实有需要招聘的岗位，但是这些岗位都不着急。其实，我们只需要一个水电工，负责检修电路。"

小米立即说道："那您参加我们网站的会员吧，我们价格非常合理，服务也比较全面。除了线上招聘，我们还会举办很多线下活动，肯定可以帮您招到合适的人选。"

宋主任却又给出之前的理由，说："我们暂时还没有加入招聘网站会员的打算，因为之前我在其他渠道也发布了一段时间的信息，根本没什么效果。而且，老板也没有问起这件事，事情不是很着急，我们就先不参加你们的活动了。"

小米听了这话，并没有像之前一样选择告辞，而是用诚恳的语气说："宋主任，贵公司老板可能因为工作繁忙，所以才忘记了这件事情。但是您是人力资源部的负责人，主要负责招聘和培训的事情，为公司寻找合适和需要的人才。现在，公司缺少一个水电工，没出什么问题还好说。可如果哪天水电方面发生了问题，长时间无人修检，导致更严重的问题，那么老总肯定会先追究您的责任。到时候，岂不是对您的事业有所影响？”

小米的这一席话让宋主任陷入思考，这时小米知道自己的话有效果了，继续往下说道：“您的工作表现一向非常出色，贵公司老板也非常信赖您，可别因为这一个小事而让老板否定您的工作业绩和贡献啊。虽然水电工是一个很普通的岗位，但是关键时刻却很可能解决大问题。所以，您应该重视这个事情，赶紧把人员招聘到岗。”

宋主任想了想，说：“你分析得不错，我确实应该赶紧找一个合格的水电工，以便解除后顾之忧。”

小米笑着说：“没错。您把这件事交给我们，我们肯定在最短的时间内帮您招到一个水电工。而且，我们还会为您做宣传，推荐更合适的人才。”

最后，宋主任终于做出决定，和小米所在的网站签订了一个季度合作协议，并且说：“我们先合作一个季度吧，如果我感觉不错的话，咱们还可以继续合作，签订一个长期的合同。”

小米之前之所以失败，是因为她听到客户说“不需要”“不着急”的时候，就会礼貌告辞。但是这一次，她却学会了帮助客户分析问题，找到客户所面临的问题。虽然这个问题看起来只是一件很小的事情，但却很可能引发严重的后果——影响到老板对他的评价，甚至影响他的事业发展。

虽然这只是假设，但是客户不免被这放大的“痛点”吓到，意识到自己应该立即着手解决这个问题。这个时候，小米的销售就成功了。

事实上，很多客户是有消费需求的，只是他们没有看到自己需求的迫切性，没有意识到自己“不买”所遭受的损失。所以，在沟通过程中，他们总是觉得自己“不需要”这个产品，或是不着急买这个产品。

这个时候，作为销售人员，我们必须看到客户的问题，找到客户的痛点，并且进一步扩大，如此一来，才能帮助客户下定决心。

诚信销售，坦言利弊，让客户放心选择

道家文化讲究因果关系，认为世界上的每件事只要发生了，就一定有一个结果。我们和客户的沟通也是如此，不管我们如何费尽心思地试图说服对方，沟通的结果只有一个：好结果或是坏结果。

对销售人员来说，成交自然是他们期待的好结果，而不成交就是他们不想看到的坏结果。而对于客户来说，买到自己满意又适合自己的产品，就是他们想要的好结果。

那么，对于客户来说，什么是坏结果呢？其实也非常简

单，那就是他们成功买到了产品，却发现销售人员有所隐瞒，让他们买到有缺陷、不合格，甚至是假冒的产品。这就是客户最无法接受的坏结果。

这就牵扯出了一个问题。销售人员在明知道自己的产品有缺陷的情况下，是选择坦诚地告诉客户，还是选择忽略或是隐瞒呢？

现实生活中，很多销售人员为了追求好的结果——把产品卖出去而选择后者，忽略或是隐瞒产品的缺陷。然而事实上，这是错误的，即便卖出了产品，也只能获得坏的结果。这是因为，一旦客户买到不满意的产品，对销售人员不再信任，拒绝再次购买产品——这个坏结果比卖不出东西更严重。

所以，虽然每一个销售人员都想抓住客户，但是因为担心失去客户，或是一心想要成交而做出隐瞒或是欺骗的行为，也是不正确的。这样的隐瞒和欺骗，只能让客户越来越厌恶你，越来越对你和产品不信任。

每个销售人员都不愿意接受不能成交的坏结果，但这个结果是客观存在的，没有办法改变。我们应该做一个讲究诚信的人，坦坦荡荡地告诉客户实情。很多时候，当我们坦诚地说出产品的缺陷时，客户还可能被我们的诚信和真诚所感动，更愿意购买我们的产品，从而让我们获得一个好结果。

宋怡是一个年轻爽快的女孩，在一家房产中介做房产销售。一开始，她在一家很小的中介工作，店面小，资源有限，很难拿到特别好的房源。可让人想不到的是，短短数月，宋怡竟然业绩斐然，卖出的房子是其他同事的两倍。

由于工作能力突出，她被另外一家大公司看中了。这家公司规模大、资源好，各方面也非常正规。相应的，公司里的销售精英也很多，人人都想获得最好的业绩。但是宋怡同样干得有声有色，业绩依然非常好。很多客户都喜欢宋怡，还为她介绍了不少朋友和同事。

其实，宋怡能够取得成功的原因很简单，那就是她的坦诚，对客户真诚、守信用。在沟通的时候，她总是能够把房子的利弊如实地告诉客户，绝不会出现隐瞒的情况。

一次，有位朋友给宋怡介绍了一个客户，双方经过沟通之后，宋怡帮助这个客户找到了一处比较合适的房子。

她把这个房子的情况一一介绍给客户：“王总，您看看这套房子，我觉得非常符合您的要求。这房子的户型是三室两厅两卫，共有 130 平方米，适合您一家四口居住；楼层是 6 层，不管是坐电梯还是爬楼梯都比较适宜；而且，小区的绿化建设也不错，物业管理严格，服务周到。最重要的是，这个小区的地理位置非常好，附近有超市、商场、菜市场，您想去哪里购物都可以。这栋楼也不紧挨马路，没有车马的喧嚣，再加上茂密的树木，简直是方便又安静，非常符合您闹中取静的要求。”

客户听了宋怡的话，感觉这房子真的非常不错。当宋怡说这套房子只要 80 万左右的时候，客户立即就提出自己的疑惑："现在周围的房子都涨价了，这套房子面积不小，环境又不错，怎么比市场价还低呢？"

宋怡笑了笑，坦诚地说："这个价格确实不算贵，因为这房子的各种条件都比较不错。您也看见了，这个小区所在的位置虽然是闹中取静，非常难得，但是周围只有公交站点，而且路线比较少，没有地铁站，平时连出租车都很少。所以从交通方面来说，这确实是一个缺陷，很多上班族都嫌不方便。这个我要如实告诉您，如果您有车的话，这里非常适宜居住。附近还有学校和公园，也比较适宜长期居住。但是如果您没有车，出行就非常不方便了。您可以考虑一下，是否能看上这房子？"

这位客户听了宋怡的回答，笑着说："我还以为有什么大问题呢，房价竟然差这么多！如果仅仅是这个问题，咱们现在就可以去看看这房子。我觉得没什么别的大毛病的话，可以商量一下价格，然后签合同。"

销售人员一般都会把自己的产品说得非常完美，给客户一种"过了这个村就没这个店"的感觉。但是宋怡却没这么做，她介绍完房子之后，坦诚地告知了交通方面的问题，而且还详细地讲解了会给客户生活带来的不便。

她没有隐瞒这个问题，而是把这个问题讲出来，让客户自己权衡利弊。这不仅显示了自己的坦诚，还尊重了客户的选择。正是因为宋怡的坦诚，才让客户解除疑虑，并且真正地信任她。这实在是一种非常聪明、智慧的销售方式。

反过来，如果宋怡知道房子的问题所在，但是又担心说出来把客户吓跑，而选择和客户打太极，想要糊里糊涂地掩饰过去；或是在客户询问的时候，刻意地隐瞒这个问题，那么不管最后成交与否，都会失去客户的信任。到那个时候，就算她成功地卖出房子，恐怕也会失去许多潜在客户。

所以，诚信销售是我们最应该重视的问题，更是我们吸引客户、打动客户的关键。

1. 不要怕吓跑客户，欺瞒和欺骗才会真正让你失去客户

很多人不敢据实告知客户产品情况，是害怕产品的缺陷会吓跑客户。我们不能否认，这样的结果存在很大的概率，但是也不能因为这种可能的存在而破坏诚信的原则。

要知道，真诚地把问题说出来，再和客户细细地说一下其中的缘由，并综合其中利弊进行全面分析。这不仅不是冒险的行为，反而是高明的选择。真正会做销售工作的人，不会对客户大肆渲染产品的好处，反而会恰到好处地告诉对方其中的问题，以便让客户真正地信任自己。

所以，想要打赢这场销售心理战，我们就不要心存侥幸地

欺骗对方，因为谁也不喜欢被隐瞒或者欺骗，而让客户通过这种态度认可自己的真诚，从而产生信任感。这样的销售人员，才算是高明的、智慧的。

2. 逐步地向客户透漏信息，给客户一个心理缓冲

当然，告知客户产品的缺陷，并不是一上来就直接说："我这个产品不好，它有很多的问题。"这样的说话方式，虽然能显示你的真诚，但却也会搞糟你的生意。

我们要主动告诉客户产品存在的问题，但也要讲究说话的方式，可以在说这个问题之前做一下铺垫，给客户一个心理缓冲。这样一来，客户就更容易接受了。

我们还可以先强调产品的优势，告诉客户产品能给他带来什么好处，然后再透露那些缺点和劣势。这种先扬后抑的说话方式，很可能把不好的结果变为好的结果。

3. 先告诉客户结果，再讲述其中的原因以及过程

在坦诚产品的问题和缺陷时，我们可以先告诉客户结果，然后再讲述其中的原因、过程，这样一来，客户能第一时间感受到我们处理问题的坦诚与诚实。

比如，某产品有设计缺陷，我们可以这样说："这款产品的设计有些问题，但是这并不是因为我们公司的技术有缺陷，

而是该类产品都存在这样的问题。与其他产品相比，我们的问题要小得多……”

4. 以情动人，赢得客户的信任

虽然我们在销售产品，但是销售过程中，人与人之间的沟通也非常重要。既然确实存在产品的问题，我们不妨在人上下功夫。当我们坦诚地告知客户产品存在问题时，就应该让他们切实感受到我们的真诚和诚信。

我们可以这样说：“我知道这个产品有些缺陷，但是不会因为担心您跑掉而隐瞒什么。我真诚地对待您，请您也要相信我。我们的产品虽然有小的缺陷，但是却有很多优势和长处……”这种以情动人的处理方式，绝大多数时候会获得客户的认可，赢得客户的信任。

语言简练，先挑最重要的来说

现代人生活节奏快，每天都处于忙碌之中，即便上下班的路上，也不得不处理工作或是抓紧时间学习。所以，这些人但凡有点儿空闲时间，都希望能清清静静地休息一下。和别人说话的时候，他们希望能够简洁明了，就算是聊天，也不希望听到对方说出啰里啰嗦的话。

高明的销售人员就深知这一点，他们在与客户沟通的时候，讲述的故事不仅精彩无比、引人入胜，语言也讲究简练明了。他们明白，客户的时间是宝贵的，耐性也是有限的。一旦自己说话啰唆，半天讲不到重点，或是车轱辘话来回说，客户肯定会失去耐性。

也就是说，良好的沟通必须是高效的，在最短的时间内讲出重点和要点。我们要想打动客户的心，就必须改掉啰唆的毛病，精简自己的语言。

婷婷最近应聘了一个化妆品专柜的销售职位，通过层层考验，她终于成功获得这个职位。为了能够尽快胜任这个工作，做出一番好的业绩，婷婷花了很长时间熟悉该产品的资料，包括化妆品的成分、功能、工艺、代言人、产地……各种琐碎的知识，她都清晰地记在了脑子里。

上班第一天，婷婷面带微笑地站在柜台里，等待客户的询问。这时候，一位打扮时尚的女士走过来，看了看柜台上的产品，打开一瓶面霜的试用品体验了一下。

婷婷知道自己该“上场”了，于是她微笑着对客户说：“女士，您好，欢迎光临我们XX专柜。您手上现在拿的这款面霜是我们的畅销产品，效果非常不错，而且是由许多专家经过多年研究而研制出来的。它可是我们品牌的主打产品之一。”

女士听了婷婷的介绍，犹豫地说道：“但是我平时使用的都是另一个牌子的产品，对这个牌子不是很了解。”

婷婷立即给这位女士介绍起这款产品来，她滔滔不绝地说：“我们的化妆品可是国际大牌，而且有一百多年的历史了。这个品牌的创始人是一位英国人，听说是一位身份高贵的贵族。他的妻子特别美丽，这个贵族为了让妻子青春永驻，便研发了这个产品……”

女士听到婷婷竟说起了创始人的逸事，并且还说个没完没了，便赶紧打断她，说：“嗯嗯，我知道你说的事情。这个品牌的历史确实挺久远的，我也在大街上看到了你们的很多广告，所以想要了解一下产品。”

婷婷一听客户对自己的产品有兴趣，还关注了产品广告，就又开始了她的介绍：“没错，我们现在推出了一系列广告，还请了一个大明星做代言，她叫×××。你看她的皮肤多好，就是因为使用了我们的面霜。你知道吧，这个明星现在可火了，演了许多电视剧，我都喜欢看。当初我们公司邀请她做广告时，可是费了很大的周折……”

这时候，女士已经有些不耐烦，根本不想听婷婷说这些没用的信息。于是，她再次打断婷婷：“我想问一下这款产品的主要功能是什么？我的皮肤比较干燥，尤其是换季的时候，干燥的情况更加严重，所以我想要保湿效果比较好的产品。”

主要功能？婷婷马上想起说明书上的介绍，便按照说明书讲了起来："我们这个面霜制作程序复杂，用料讲究，里面含有雪莲花、荷花等，不仅具有保湿效果，还能去除脸上的痘印。女士，您想想啊，我们这款产品有将近200道程序，每一道程序都很……"

最后，这位女士终于忍不住了，放下面霜，看了看手机，说："好的，谢谢你，我今天有点儿事，以后再说吧。"

"您先别走啊，我们今天还有活动呢，只要您……"婷婷还没说完，这位女士已经走远了。婷婷非常纳闷："为什么我说了这么多，她都不动心呢？"

其实，婷婷的问题就在于她说得太多了，没完没了地说，且没有重点和要点。每当客户问一个问题的时候，她就说一大堆话，还是一些无关紧要的话。这不仅没有解决客户的问题，反而浪费了客户的时间，这怎能说服客户呢？

婷婷的努力和态度都值得肯定，因为她知道提前做好准备，熟悉产品资料，背很多关键的信息，而且在与客户沟通的时候，能够做到非常热情，有问必答。但是作为销售人员，她应该知道客户的时间是宝贵的，他们只想听到简练的语言，只想知道自己最关心的话题。

比如，这位女士最想知道这个品牌的效果如何，而不是创始人的历史、逸事，更不是代言人的故事；她最想知道这款面霜的保湿效果如何，而不是它有什么工序，每道工序如何。正是因为婷婷说话啰唆，没有抓住重点，所以才让这位女士“匆匆地跑掉了”。

当然，并不是说销售人员不能说这些事情，客户的需求有所不同，有人喜欢打听价格再做决定，有人希望知道品牌背后的故事，还有人希望了解产品的成分。当客户想要知道某一点的时候，我们再详细、重点地展示他们感兴趣的内容，简略地介绍其他方面，这样才能满足客户的需求，让客户保持足够的耐心和兴趣。

简单来说，与客户沟通就像讲故事，想要故事讲得精彩、引人入胜，我们就要学会详略得当、语言精练，甚至直接扔掉客户不感兴趣的那一部分。只有这样，客户才会保持专注力，认真地倾听我们的推介内容，成交也会变得更轻松。

找到并引发客户的购买动机，对症下药

说起销售，大部分人把这个工作简单地定义为“卖东西”。不得不说，这种定义有点儿过于简单和片面。令人遗憾的是，很多销售人员就是把自己当成“卖东西的”了。

于是，见到客户之后，他们二话不说就开始推销自己的产品。结果呢，经过一番口干舌燥的讲解，往往换来客户的三个字“不需要”！

卖不出去产品，就没有业绩；没有业绩，就没有动力。这样的结果让他们感到伤心和迷惑，甚至开始怀疑自己：“我的产品不够好吗？还是我要价太高了？”“我不适合做销售吗？还是我的能力有问题？”

其实，这些问题都不是重点。那么，重点究竟是什么？

回答这个问题之前，我们不妨看一个销售界的经典案例：

一个推销员抓住一个客户就推销自己的产品，尽管这位推销员口若莲花，把产品说得天花乱坠，但是客户就是不说话。最后，推销员急了，直接问：“请问您到底需要什么？”客户则面无表情地回答说：“我需要钱。”

瞧，虽然客户的回答让人感到惊讶，但是我们认为，这件事情的责任很大部分在销售人员身上，因为他一开始根本没问人家需要什么，就直接推销自己的产品。所以，产品是否能卖出去，除了质量因素，还需要看客户是否想要购买。

也就是说，客户购买行为的产生是基于他的需求的，只有产生购买动机，才能让顾客产生购买活动。什么是购买动机？就是能够让人们想要产生购买活动，并且能满足人们的某种需求和念头。

所以，销售人员要想推进成交进程，就要重视客户的购买动机，了解客户在什么情况下会做出购物决定，然后对症下药，引导客户进行购买。

现在，做微商的人铺天盖地，人人都在做，每个人都说微商生意好做，但是事实上，微商之间的销售业绩却有很大的差距。有的人一直坚持发朋友圈，却不知自己早已被屏蔽；有的人却做得非常棒，产品卖得非常好。

小茹之前在药店工作，后来也做起了微商。她不卖化妆品，也不卖零食，而是卖一种养生产品——阿胶糕。吃阿胶的大部分人是女性，用来调理自己的身体。但是小茹的客户却是男性居多，生意还非常不错。她是怎么做到的呢？

小茹说："许多人做微商就会做一件事，那就是把产品图片和介绍发到朋友圈里。有的人每天甚至发十几条朋友圈，每条信息的内容相同。这样的东西，谁看了都会感到厌烦，就别提卖出产品了。我从来不胡乱地发朋友圈，也不会直接询问客户买不买，只是想办法满足他们的需求，这样一来，即便是花钱，他们也感到非常开心！"

这么一听，你感觉很有意思吧！但是，她究竟使用了什么样的方法把握住了客户的需求呢？我们一起看看小茹是怎样发微信朋友圈信息的：

我有个堂哥，今年都快35岁了，还没结婚。一问他都送女孩什么礼物，他说无非是鲜花和化妆品，真是太俗、太普通了！后来，堂哥从我这里买了一些阿胶，送给了正在约会的姑娘。那女孩吃了之后，气色越来越好，皮肤也变得更好了，整个人都变得更漂亮了。如今，她是我的堂嫂！

还有一次，小茹的微信朋友圈是这样写的：

我有一个发小，平时和媳妇感情特别好。他媳妇的心情每天都很好，时常给他做好吃的，两人从不吵架，原因是他从我这里买了个超棒的礼物，让他的媳妇每天都有一个好心情！

有些男士看到这条微信朋友圈，都留言问她究竟是什么礼物。这时，小茹会点开聊天窗口，对这些人解释说："女人爱漂亮，男人也喜欢让自己的媳妇永远美丽！爱她就送给她阿胶糕，养颜补血，能让她的皮肤回到 18 岁。这样一来，媳妇怎么还会有心情吵架呢！"看完这样的回复，哪一个男士不想买几盒给老婆试试？

看吧！小茹就是如此简单地挖掘出客户的真正需求，找到并引发了客户的购买动机，然后再进行针对性的销售。

中国有句古话叫作"牛不喝水强按头"，意思非常简单，那就是如果这头牛不渴，就算你强行按住它的头，它也不会喝水。一个动物都会遵从自己的生理需求，更何况是人呢？如果换作是你，走在大街上，突然冒出来一个推销员，非要卖给你某样你并不需要的东西，你会不会很反感地走开？

事实上，不管是吃穿用行，还是所谓的奢侈品，销售人员只要找到客户的购买动机，就找到了商机。如果销售人员不能了解客户的需求，无法让客户产生购买的欲望，即便你的产品再好，也无济于事。

很多时候，客户拒绝的不是产品或者价格，而是拒绝自己不需要的东西。想让客户自觉自愿地掏钱买东西，我们就必须考虑他的需求。而有经验的销售人员，也不会在稀里糊涂的情况下就向客户推销自己的产品，他们更多的工作是引导客户诉说需求，观察客户对产品的反应，从客户的外表和动作研究其内心活动。

降低“门槛”，循序渐进引导对方

心理学上有一个登门槛效应，同样适用于销售领域。

什么是登门槛效应？简单来说，就是当一个人接受别人提出的一个小小的请求之后，接下来为了避免出现自己和别人眼中认知上的差距，往往会更容易接受这个人之后提出的更大要求。

这就好像是在登门槛一样，如果门槛特别高，肯定不能一下子就迈过去。但是如果降低门槛，先迈过一个比较低的门槛，然后再一个台阶、一个台阶地迈，就可以更容易、更顺利适应高门槛。

在销售领域，很多销售人员会巧妙地利用这种技巧来说服客户购买他们的产品。这些销售人员知道，如果自己一开始就提出要求，大部分人会下意识地拒绝，那么接下来，自己想要扭转客户的想法就难上加难了。

正因如此，他们通常不会直接销售自己的商品，而是会提出一个客户更愿意接受或是能够接受的要求，比如要求进屋谈一谈。当这个要求被满足之后，他们会提进一步的要求，请客户先尝试一下，从而一步步地达成自己的销售目的。

褚经理经营着一家商场，生意非常红火。有一天，一个朋友突然过来拜访，说向他推荐一个名叫范超的年轻人，是一个销售天才。褚经理照顾这个朋友的面子，也想要见识这个所谓的“销售天才”，便爽快地答应了。

第二天，范超前来报到，却让褚经理感到很失望。因为眼前的这个小伙子，其貌不扬，身高不到一米七，笑起来还有点儿腼腆，真不像是一个会做销售的人。但因为答应了朋友，褚经理还是让范超来试试。

第三天，褚经理忙完手头的事情，突然想起来今天是范超第一天上班，便好奇地想看看这小伙子是不是真的能给自己一个惊喜。于是，他便来到销售部，想要看范超的业绩怎么样。

这时，只见范超已经打算下班，正在收拾自己的东西。褚经理有点儿不高兴，严肃地问道：“你现在打算下班了吗？今天感觉怎么样？适不适应？”

范超又露出带点儿腼腆的笑容，回答说：“挺好的。这里的商品很齐全，顾客也很多。”

褚经理又问道：“那你今天一共成交了几单？应该有一单吧？”

范超高兴地说：“褚经理，您猜得没错，我真的成交了一单。”

褚经理瞬间觉得很失望，继续问道：“其他销售员一天能成交几十单呢。你怎么就成交了一单呢？不过，今天是你第一天上班，你也不要太着急。你说说，这一单你卖了多少钱？”

范超低声回答说：“不多，十万块钱。”

听了这个数字，褚经理非常惊讶地问：“十万？真的吗？你都卖了什么，竟然卖了这么多钱？！快跟我说说。”

范超不紧不慢地说：“今天我接待了一位男士，然后就带着他买了一个小鱼钩，之后他又买了中号和大号的鱼钩。为了搭配这个鱼钩，他让我又配了好的鱼线，其中包括三种不同的型号。选购完这些后，我问他喜欢去哪里钓鱼，他说是去海边钓鱼。我就告诉他应该买一条船，出海钓鱼可要比在海边钓鱼有趣得多。之后，他就接受了我的意见，从我们这里买了一条船。所以，这些大大小小的东西加起来就有了十万块钱。”

褚经理非常惊讶，他还从来没有见过这种销售方法，简直是太棒了！怪不得那位朋友说他是天才，他天生就适合做销售。

于是，他惊讶地说："你真的很厉害！那个客户只是想买一个鱼钩，你却可以让他买了一艘船！这简直太不可思议了！"

"不是的，褚经理。他最开始不是要买鱼钩，而是替他妻子买一包卫生巾。我看到他买的东西，就对他说：'您这个周末就在家里这样度过，真是太可惜了，还不如出去钓鱼呢，那应该很有趣。'"范超这样回答。

其实，范超就是利用了登门槛效应。

试想，你是那位客户，打算给妻子买一包卫生巾，一个销售人员却对你说："您好！今天的天气很不错，很适合钓鱼，不如您买一艘船吧，这样您就可以出海钓鱼，享受美好的周末了。"恐怕你会觉得这位销售脑子不正常吧，然后果断地拒绝、走开。

但是如果像范超这样，从卖鱼钩到卖鱼线再到卖船，先向客户推销小的产品，然后一步一步地、循序渐进地引导对方，那么就可以轻松地向客户推销更大、更多的产品。这个看起来不可思议的事情，他竟然真的做到了。

生活中也是如此，如果一开始别人就提出很高的要求，大部分人会觉得有难度，毫不犹豫地拒绝。但是如果对方开始先提出一个很小的要求，大部分人都会轻松接受；在这个基础上，再提出一个难一点儿的要求，被拒绝的可能性会小一些。

对于销售人员来说，最难的不是销售产品，而是如何开始第一步。当你成功地让客户答应了一个小的要求之后，你的销售活动就已经成功了一半。与客户第一次沟通时，不要急着想要做大单，而是要降低自己的“门槛”。当客户同意你的小的要求时，再试着提出一个难度大点儿的请求，一步步地引导客户朝前走。最终你会发现，那个看起来很难的大单，就这样轻松地完成了。

许诺优惠——客户都想“占便宜”

在销售行业中，广泛流传着这样一句话：“客户要的不是便宜，而是要感到占了便宜。”的确，在销售过程中，一旦客户有了占便宜的感觉，就会很容易地接受你推销的产品。

就拿日常购物来说，人们只要听到超市打折、商场甩卖、专卖店清仓等消息，就会不约而同地向这些地方聚集，想要买到物美价廉的产品。

还有的客户喜欢讨价还价，想要通过压低价格的方式，花最少的钱买到自认为最好的产品。比如，有些女士买衣服时，就会常常和销售人员“砍价”，向销售人员传达一种“你不便宜，我就不买了”的信息；或是“你如果便宜卖给我，下次我就给你介绍生意”来获得优惠。

遇到这样的客户，如果销售人员能够妥协，说：“算了，今天不赚钱卖给你了”或是“这么优惠的价格给你，以后可要带朋友过来照顾生意”，客户就会感觉占了大便宜，爽快地掏钱购买，还会因为购买到物美价廉的产品而感到开心和愉悦。

所以，销售人员在向客户推销产品时，要学会利用客户贪图便宜的这种心理，通过价格悬浮来俘获客户，促成销售订单的顺利成交。很多商家就是利用客户的这种贪图便宜的心理，成功地使自己的产品变成市场上的“抢手货”。

很早之前，美国的克里兄弟在闹市区开了一家服装店，和周围其他店面的冷冷清清相比，他们店里的生意却非常红火。凡是进店的客户，离开时都会拎着好几个袋子，满载而归。

这究竟是怎么一回事呢？原来，兄弟俩的制胜法宝就是“装聋”，即在客户面前故意报错价格，当然，这个价格要比标牌的价格低一些，然后再利用客户贪图便宜的心理来促成交易成功。

每天早上，弟弟都会非常热情地站在服装店门口，向来来往往的人群进行推销。当客户被引进店时，弟弟还会反复地向客户介绍，说他们店里的衣服是如何的物美价廉。

一般情况下，客户经过弟弟的热情劝说，就会开始询问产品的价格：“这件衣服多少钱呢？”此时，“耳聋”的弟弟就开始正式表演了——只见他把手放在耳朵上，大声问客户：“您说什么？请您大点儿声。”

客户误以为他真的听力不好，便会提高嗓门问：“这套衣服多少钱”？

弟弟这时才“听到”客户的问话，说道：“您是问价格呀，噢，十分抱歉，我的听力有些障碍，您稍等一下。”于是，弟弟就会转身，扯着嗓子向库房整理货物的哥哥喊道：“老板，这套衣服多少钱？”

哥哥则会假装斜眼看一下衣服，然后说：“100 美元。”

弟弟还是大声地询问：“多少钱？”

“100 美元”，哥哥大声喊道。

然后，弟弟就会故意听错，笑着对客户说：“女士，这件衣服 80 美元。”

“嗯，好的，那包起来吧。”客户一听这个价格，顿时笑得合不拢嘴，赶紧让弟弟包下这衣服，然后就溜之大吉了。即便哥哥说弟弟听错了，客户也会说：“既然他已经说了这么低的价格，你不能反悔啊！”还会“逼着”哥哥“低价”把衣服卖给他。

从这个案例可以看出，客户其实并不会对产品的真实价格进行研究，他们心中只是希望能买到“便宜”的产品。而克里兄弟的耳朵并不聋，他们只是掌握了客户喜欢占便宜的心理，利用价格之间的差距来俘获客户的心。

现在虽然不可能出现这种情况，销售人员也不能利用这种投机取巧的方式来欺骗客户，但是善于利用客户心理进行销售的方式却值得每一个销售人员借鉴。

那么，销售人员在销售产品时，究竟怎样做才能让客户感觉自己占了便宜，从而促成订单交易呢?

1. 善于给客户创造机会

其实，爱占便宜是人们的一种普遍心理。对于爱占便宜的客户来说，有时候哪怕这些产品短期内用不上，但只要能够享受到足够实惠，他们还是会毫不犹豫地选择囤货购买。

所以，针对客户的这种心理，销售人员可以推陈出新，周周变、天天有、时时新，给客户制造“优惠”的机会，刺激其购买行为。

2. 赠送礼品拉拢客户

赠送礼品是一种促销手段。销售人员在向客户销售产品时，可以适当赠送一些积分、小礼品、代金券等，以便让客户感到自己得到了一些优惠。

对于很多客户来说，这样的活动非常受他们的欢迎。我们可以利用赠品来吸引客户的目光，满足他们贪图便宜的心理。这不仅可以趁机拉拢客户，还可以让销售人员受到客户的欢迎和青睐，继而有效地促成交易。

3. 价格促销吸引客户

客户虽然喜欢一些赠品、小礼物，但他们最关心的还是产品的价格。只要你给出的价格足够优惠，就能吸引到客户的目光。所以，销售人员不妨经常举办一些优惠活动，比如“两件八五折、三件七折”“满多少减多少”等，很多客户就会蜂拥而至，想要获取更多的优惠。

不过，销售人员还要向客户传达出这样一个信息：“优惠不是天天有，买到就是赚到。”如此一来，客户的购买欲望就会更加强烈，恐怕自己错失“占便宜”的机会。

诚然，利用客户贪图便宜的心理，销售人员可以用价格优惠促成交易。但是，在使用这个销售策略时，我们也要注意拿捏好分寸，既要充分满足客户占便宜的心理，也要让客户得到实实在在的优惠，而不是利用某些不正当的手段来忽悠客户。只有这样，我们才能在短时间内售出自己的产品，并且与客户保持长久的互惠互利的关系。

第6讲 Lecture 06

成交

——见机行事，给客户非你不买的理由

Sales and Eloquence

如何促进成交，这是销售的关键一步，也是销售人员的最终目的。

做销售工作的人，应该学着做一个“小机灵”，既要懂得如何说，又要懂得如何听。不管遇到什么情况，都能做到见机行事，让客户心甘情愿地与你成交。

有理有据，赞美要说到点上

赞美能够让人心情舒畅。研究表明，99% 的人都喜欢听到别人的夸赞。销售过程中，销售人员适当地赞美能加速客户尽快下决定，促使成交的顺利完成。

正因如此，我们时常听到销售人员赞美自己的客户：

“您太会选了，这款衣服非常适合您，像您这样气质好的人，才能彰显它的韵味。”

“您的眼光可真好！这款鞋子漂亮又舒服，和您的脚型特别配。”

“这个丝巾只有这一条了。虽然好多客户看中了它，但是都没有您系着好看。”

“您真会挑，这是我们店里性价比最高的一个包。”

……

听听这些赞美之词，有具体的，也有抽象的。但不管哪一类型，都让客户听了心花怒放，并且促使客户做出成交的决定。所以，赞美的威力实在太大了，它完全不需要复杂的论证，就能打动客户的心。销售人员只需张一张嘴，说些真诚又好听的话，就可以让客户心甘情愿地埋单。

那赞美为什么具有这么大的威力呢？

这是因为客户在挑选产品的过程中，一旦听到对方真诚的夸赞，内心就会产生好感和信任感，从而加速对销售人员的信赖。就像朋友相处一样，信任和好感促使一方信赖另一方，这样一来，自然就会更愿意接受对方的建议和推论了。

那么，赞美是不是一件简单的事情？是不是只要我们开口说点儿好听的话，就可以赢得客户的喜欢和信任？未必是这样，因为赞美也需要很多技巧。

比如，许多人都说主持人汪涵会说话，在任何场合都能巧妙地夸赞一个人。虽然他说出的是赞美的话，但却说得有理有据，不动声色，让听的人感到非常舒服。反观其他主持人，虽然也是努力地说出好听的话，可却让人感到虚伪和刻意。这样的夸赞不仅不会令人高兴，还会让当事人和旁观者产生反感，从而对他敬而远之。

因此，赞美别人也要讲究技巧，首先要做到有理有据，不能凭空想象地乱赞美；其次，要学会赞美得恰到好处，把话说到点上。这样的赞美才是真实、自然的，更容易被人接受，讨人欢心，从而达到事半功倍的效果。

小越是一名资深销售员，是公司神一般的“销售大神”。他之所以做出如此的成绩，得益于他善于观察客户的小动作以及神情，能够准确地说出客户的职业和爱好。通常客户会感到非常惊讶，其溢美之词也能更容易地让对方接受。

这天，有一位客户来看硅藻泥，小越热情地接待了他。通过大致的观察，小越推测这个客户是一个常常做运动的人，身份应该比较特殊。

而且，客户下意识的几个小动作引起小越的注意。根据他的身材和动作，小越知道这位客户应该是经常骑马的人。于是，他走上前去，笑着对客户说："先生，您好。今天天气晴朗，气温不高，非常适合户外活动，您怎么没去骑马呢？"

客户听见了小越的话，惊讶地看了他一眼，然后问道："你怎么知道我喜欢骑马？咱们以前见过面吗？"

小越这下就知道自己没有猜错，于是笑着说："我虽然不怎么骑马，但是喜欢看赛马。您的身体素质再加上一些不经意的小动作，让我看出您是一个喜欢赛马的人，而且非常精通。咱们虽然没见过面，但是我能感受到您身上那种赛马的劲头和气质，这可是一般人少有的。"

听到这里，客人哈哈大笑起来，说："你说得没错，我确实喜欢赛马，还时常参加一些小众的比赛。你的眼光也挺厉害的。你家这款硅藻泥多少钱？"

小越报了一个价格，客人听到后有点儿犹豫，然后仔细看了看介绍，说："你们这款硅藻泥的价格有点儿高，比其他品种都高一些吧？它有点儿贵。"

小越微笑着解释道："您的眼光真是太好了！其他产品都

没怎么看，就冲着这款来了！实话说，这是我们店里价格最贵的产品，当然也是质量最好的。当然，吸附甲醛的能力也是最强的，环保效果非常好。您也知道，一分价钱一分货，要是我给您推荐，也一定会推荐这款产品，因为它的品质在这里。”

客户听了之后点点头，但是并没有立即做决定。

小越乘胜追击，继续说：“我们产品的质量和品质，您就放心吧。如果需要送货，我们公司现在还推出免费送货上门服务，配备施工师傅，为您提供专业、优质的服务。而且，我们的服务不仅价格比外面低很多，做工也比外面好。请问，您住在哪个小区呢？”

客人回答说：“我住在 ×× 小区，地点距离比较远。你们能帮我送达，再帮我找个手艺好的师傅吗？”

小越听了马上给出肯定的答复，并且夸赞地说：“您在那个小区住啊，听说那个小区里住的都是有素质、有品位的人。今天和您打交道之后，果然是名不虚传。”

客户笑着摆摆手，但是看得出小越的这些话让他很受用。他当场就交付了定金，购买了小越推荐的硅藻泥。

由此可见，小越的业绩好不是没有理由的，他从头到尾都在赞美客户，但又不显得突兀、刻意，每一句话都说得有理有据，且赞到了点子上。“赛马的劲头”“眼光太好”“有气质、有气场”……这就是他成交的秘诀。

所以，想要完美地成交，就要学会巧妙地赞美客户，并且做到有理有据、恰到好处！你准备好了吗？

不要只会说，会倾听客户的诉求才行

许多人的销售观念中有一个误区，认为说得越多，成交的希望越大。于是，在和客户沟通的时候，他们竭尽全力地掌控说话的主动权，希望尽可能地传递给客户更多的信息，以换来客户的实际购买行动。

好的口才，确实是销售工作的重要组成部分，也是说服客户成交的关键。但是，这不意味着你可以在与客户交流中有完全垄断说话的权利，更不意味着你可以不停地说，却忽略了听客户说。

不管在任何场合，如果交谈双方完全掌握了说话的权利，不给另一方说话的机会，这样的交流都是失败的。销售中更是如此。如果我们只顾着单方面的表达，是得不到客户的回应的，也无法得知客户的需求。看似和谐的沟通，实际上就如同空中楼阁，虽然看起来很美，但却非常容易倒塌，而且一旦倒塌就无法挽救了。

所以，在与客户沟通的时候，我们要懂得尊重客户，除了学会如何去说，还要学会如何倾听，了解客户的需求。

谢总是一家建材公司的老板，他最近发现公司的一个销售人员的销售业绩不太好。他知道这名销售人员是新聘用的，这可能是一个影响因素，但不知道是否还有其他原因，于是便决定看看自己的员工是如何和客户沟通的。一天，他找到这位销售人员，并跟着他走访了一个重要客户。

销售人员和客户约在一家咖啡馆见面，想请客户换个环境和心情。谢总选择坐在他们后面，以便好好地观察他们。客户进门之后，销售人员彬彬有礼地站起来，邀请客户坐下，简单地寒暄了几句。看起来，交谈的气氛比较好。

之后，销售人员为自己和客户点了咖啡，就开始进入正题。只听这位销售人员说："林总，您最近怎么不选用我们家的建材了？您看看现在市面上的所有产品，不管是质量还是价格，谁家的产品也没有我们的质量好啊！"

"确实是这样，我也考察过几家，其他品牌的质量和你们的是有点儿差别……"客户正想深入地说下去，这位销售人员立即插话说："是吧，您也考察了很多产品，还是我们的产品有优势吧。您看您是我们的老客户，我们还能让您吃亏吗？既然您选了我们的产品，我们绝对不会让您失望的。"

"你说的是实话，但是这里面可能有点儿误会……"

这位销售人员没等客户说完，就着急地说话了："林总，您是做装修行业的，建材用品肯定用得多。但是最近您却没有到我们家采购，是不是想要更优惠的价格，还是有其他原因？”

“所以，你听我说……”

可是这位销售人员就是不肯听客户说话，只是自顾自地说个不停。他滔滔不绝地说：“就算您有什么想法和意见，也可以和我们沟通和交流，不能直接就把我们抛弃了呀。您看，我们公司和您合作这么久了……”

这一次，客户再也忍受不了了，他直接打断这位销售人员，生气地说：“是，我没有采购你们的产品是有原因的，我现在就是想告诉你原因！可是，你一直打断我，不给我说话的机会。我明白你着急，但是小伙子，我今天要告诉你一句话：心急吃不了热豆腐！你不让我说话，还想知道原因？那你就回去自己想想吧！”说完，这位客户生气地走了，留下这位销售人员尴尬不已。

谢总听到这里，终于明白了这个销售的问题所在——他只顾自己说话，却不懂得倾听客户说话，不给客户说话的机会；喜欢插嘴，不等客户说完就急着表达自己的意见。正因如此，客户的耐心被磨光了，对他产生很大的反感。如此一来，成交还怎能实现呢？

事后，谢总找到这位销售人员好好地谈了一次话，让他意识到这么做的严重后果。至于老客户那边，他也登门致歉，好不容易才维护了彼此的合作关系。其实，那位客户并没有采购其他产品，而是近期在研究企业的转型问题，员工们都在培训，业务开展得少，所以采购建材的数量自然就少了。

所以，让客户说话是非常重要的，倾听客户说话也异常重要。想要和客户进行良好沟通，我们就要学会倾听，听明白、全面了，才能知道客户的需求，找到问题的症结。

如果你像那位销售人员那样，不懂得倾听，喜欢打断客户的话，就必须谨记下面这几点。

1. 眼睛和耳朵别开小差，专心倾听

客户的表达方式因人而异，但是要记住，不管遇到什么样的客户，不管在何种场合，我们都要专心地听，不要开小差。如果在客户的办公室会面，而办公室又不止一人，我们更要做到全神贯注，心无旁骛，眼睛直视客户，耳朵只倾听客户的声音。

因为你的表现直接影响着客户对你的印象，如果你专心地倾听客户说话，并且及时给予回应，那么客户就会感觉到心情舒畅，自己受到了重视，从而在心态上更容易接纳你。

同时，只有你认真倾听，才能尽快明白客户的诉求，提供最佳的解决方案。

2. 排除干扰，只为赢得客户的心

坐姿方面，客户更喜欢面对面的交流，双方不要有转身、

侧身的行为，背对更是万万不可。这些都是不礼貌的表现，倾听者也容易被其他事物干扰。

现代人的生活离不开手机，如果在听客户说话的时候，销售人员偷偷地打开手机看微信、QQ 信息，那就别指望客户会愿意和你交流了。

有经验的销售人员，在和客户交流的时候，都会把手机调到静音或是震动，目的就是为了尊重客户，排除干扰。当然，如果你确实有重要的电话和信息要回，也要和客户说抱歉，然后到一旁回电话或是信息。

3. 切记不要随意插嘴

在沟通中，会听的销售人员，不会随意打断客户的话。

也许有的客户在讲述过程中出现了表述错误、理解偏差的情况，甚至聊到了一些完全不属实的情况，这时我们不要心急地打断对方，而应好好解释一番，还自己一个“清白”。

随意插嘴，不仅会给客户留下没有礼貌的印象，还会让对方听不进去你的解释，倒不如静静地听客户说完，等到恰当的时候再为自己好好解释，这样或许还能获得更好的效果。

4. 学会划重点

倾听是一门学问，我们不仅要注意态度，更要注意技巧。

在倾听客户说话的时候，要学会划重点，选择重点的听，这样才能为你带来意想不到的效果。

比如，在闲聊过程中，客户会谈及个人的兴趣爱好、喜欢关注的事件，这些都需要我们认真倾听，以便给我们下一步的交谈增添话题。在正式交谈时，客户对于产品价格、性能、优势的要求，我们也要认真倾听，如此才能为客户提供更满意的产品。

总之，会听是人与人沟通的关键，它能让我们和客户的关系更进一步。如同卡耐基所说，做生意不要夸夸其谈，要会听客户说话。当你越来越喜欢听客户说话，并且掌握了听的技巧，订单就离你不远了。

对所有人来说，爱拼才会赢；对销售人员来说，会听才会赢！

让自己的话生动、通俗，才能打动客户

我们一再强调销售中沟通的技巧，是因为这关系到我们销售目标的实现。当我们决定好好说话的时候，绝大部分是为了说服客户购买，或是引导他们说出自己的需求，或是有求于客户，给他们留下一个好印象。但不管我们的目的是什么，选择什么样的沟通方法，都必须保持谈话的顺畅性。

这就需要我们让自己的话语变得生动，具有吸引力，让复杂、专业的销售术语变得通俗易懂。如此一来，客户才不会被那些晦涩难懂的专业名词弄得头晕脑涨，被枯燥无味的话语搞得昏昏欲睡。

何欢是一家手机店的经理，手底下的销售人员全是“90后”。他从事手机销售已经很多年了，当年也是因为有热情、有干劲，且业绩非常好，才被领导提拔到现在这个职位。

何欢接触过许多客户，有老人、学生、职场人士、教师、农民……可不管什么人，客户对他的评价都非常高：说话通俗易懂，生动有趣，让大家能清晰地明白手机的特点、优势。从非智能手机到智能手机，从诺基亚到苹果，不管哪一款手机，何欢都能让客户对手机了解得清晰、透彻。

比如，一个年轻时尚的女士想要买手机，何欢会热情客气地询问：“您好，请问您想看哪种类型的手机？”

女士回答说：“我现在的手机用着非常卡，有时候打开一个 APP，好半天也打不开，甚至突然就死机了。这让我感到很苦恼，所以想要换一个新手机。”

这时，何欢就会向这位女士推荐：“您看这部手机，主打系统流畅，内存空间比较大。在众多款手机中，它都是佼佼者。”

“这部手机是多少核的？”

“这是该品牌新推出的一款智能手机，CPU是4核的。”

“4核的手机肯定不行，我之前那部手机是8核的，卡得很厉害。你这4核的CPU不是更卡吗！”

何欢不紧不慢地解释说：“现在的手机都是4核加强版了，打个比方，之前的8核版手机，就好像我们普通人一样，虽然数量多，但是身体不强壮，干起活来没有什么力气；现在这个4核版的手机，就像体力充沛的超人一样，浑身都是力气，精力非常持久，它的内部佩带一个副核。”

“你说的副核是什么概念？包括在你说的4核里面吗？”

“这副核并不包含在里面。这款手机的CPU是4核的，额外还有个副核。它好像替补人员一样，等你不需要4核工作的时候，就让这个替补人员站个岗、值个班。这样一来，手机不仅更加流畅，而且还能节省很多电量。”

何欢的一席话，把手机的优势说得一清二楚。这个客户说：“你要是这么说，我就懂了。这款手机的内存是多少G呢？”

“这手机的内存是16G，这内存已经非常大了。”

客户惊讶地问道：“16G还大吗？现在的手机内存不都是64G、128G了吗？这16G的手机，拍个照片都不行吧？”

听了客户的疑问，何欢笑着解释说：“您说的64G、128G是手机的储存空间，不是内存。现在，手机如果有16G的内存，就已经非常高了。”

客户还是不解：“但是大家怎么都说它是手机内存呢？它们有什么区别？具体的功能是什么？”

何欢解释说：“您在家里做饭的时候，肯定自己煮米饭吧。打个比方，内存就是您煮饭的锅，储存就是您储藏大米的容器。我们做饭的时候，得把米饭从容器里放到锅里，然后做熟了吃。锅大了，一次煮的米饭就多，还节省时间；锅小了，就得多煮几次，所用的时间自然就会变长。手机的内存大了，运行速度自然就快了。”

之后，这位客户又问起手机像素的问题，她问道：“这款手机的拍照效果好不好？清晰不清晰？它的像素有几百万？”

“这款手机的照相功能也是我们的主打功能，像素达到了八百万。”

“八百万太低了吧，现在很多手机的像素都能达到一千多万呢。”

“照相效果好不好，并不能只看像素。八百万像素已经很高了，拍照效果也很棒。”

客户还是有些不明白，“不是像素越大越好吗？”

何欢说：“并不是如此。这主要得看手机相机的功能，一个普通人在很大的画布上画画，一个画家在一张小纸片上画画，您说哪一幅画更好看？”

经过何欢的解释，这位客户终于了解了这款手机的优势，并且立即付款拿货。

何欢是不是很厉害？在与客户沟通的过程中，他全程都没有说自己推荐的手机参数有多高，而是实事求是地向客户解释这些参数的作用。最重要的是，他没有照说明书的专业术语，而是用打比方的方式把艰涩难懂的技术参数变成客户熟悉的生活常识、寻常物品。这样一来，他讲解起来简单方便，客户也听得清楚明白。

同时，他的生动讲解也让顾客觉得新鲜有趣，不会产生无聊或者厌烦的情绪。试想，如果何欢只是把这些参数背出来，恐怕这位客户早就走了吧。

所以，在与客户沟通的时候，尤其是在讲解产品的专业术语、专有名词时，销售人员要注意说话的方式，尽量把专业名词转化一下，用简单生动的方式表现出来，让对方明白我们想说什么。如此，客户才愿意听我们讲，并且愿意购买我们的产品。

那么，如何让我们的话语更生动、通俗易懂呢？

1. 巧用打比方，把专业性参数和名词转化为常见用品

打比方是销售过程中常用的叙述手法，不管对方年龄几何，学历高低，只要我们能够把那些参数或者名词转变成生活

中的常见用品、常见现象，对方就会听得懂、想得通。

而且，这种打比方的方式让我们的语言更丰富，让客户感觉你说话的幽默感，心情更加愉悦。

2. 运用拟人和类比的方式

除此之外，拟人或者类比的说话方式，在沟通中也能发挥很大的作用。销售人员把专业强的东西转化为常见的东西，将一个个冰冷的数据比作人类或者动物，客户就会更容易正确地理解你要表述的行业知识，甚至还会觉得非常有趣。

但是这几类叙述手法都有点儿难度，既要求销售人员有丰富的想象力，还要有很好的语言表达能力以及较强的逻辑。这就要求销售人员做好知识积累，在日常生活中多加练习，提高自己的口才和语言表达能力。

想要让客户说"Yes"，就要付出你的热情

"Yes"还是"No"？这是一个问题。前者代表认同，后者则是明显的否定。人出于保护自我的本能，通常会拒绝陌生人的搭讪，更不要说答应别人的要求了，因为陌生人之间本就存在着距离和戒备，本就没有什么了解和信任。

但是销售工作的目的，就是要想尽办法让客户放下戒备

心，愿意听我们说话，愿意信任我们。如果做不到这一点，恐怕我们就很难听到客户对交易说“Yes”了。而且，这对于善于沟通的销售人员来说并非一个难题。

卡耐基大师就曾经分享过一个简单的方法：“如果可以记住周围人的名字，就算是不熟悉，但是如果哪天走在路上遇见他，可以自然而又热情地喊出他的名字，绝对会改变你们之间的关系，效果很明显。”意思是说，想要打动客户，赢得客户的认可，销售人员要学会热情待人，真诚待人。用热情打开客户的心门，他们的防备态度自然就会改变，也就心甘情愿地开口说“Yes”了！

热情是一种态度，更是一种与人沟通的情商。只要我们能够热情地对待客户，和客户畅快地闲聊，帮助他们解决问题，就能够成为销售行家。

小杨是一个年轻人，平时买菜却不喜欢去超市，而是习惯去离家很近的菜市场。说来也怪，这条街上有两家卖海鲜的店面，海鲜种类差不多，价格也相差无几，但是情形却是迥然不同。路南那家海鲜店门可罗雀，路北那家则是门庭若市。

这让人觉得很奇怪，有人猜测是因为大家都有从众心理，喜欢去人多的地方买东西。也有人猜测，可能是路北这家的海鲜比较新鲜。可有老顾客却只是轻轻地说一句：“多看看，多买几次，你们就能知道原因了。”

果然，很多客户感受了几次，就知道了其中原因，也包括小杨。去路南那家店面买海鲜，甭管是第一次去还是老主顾，摊主都笑脸相迎，非常热情地与客户闲聊。聊过几次之后，老板就能记住客户的喜好，甚至还能打听出客户的家庭情况，一来一往就变成了熟人。

老板每次都能热情地说："今天的虾非常新鲜，买点儿给你家孩子做辅食吧。我给你算便宜点。""现在海蛎子挺肥的，拿回去炖点儿萝卜汤，可以补补身子。""你家孩子放暑假了吧，准备带她去哪里玩？""这鱼 32 元，零头不要了，你就给 30 元吧。"如果哪个客户忘记带钱包，他也大方地说："没关系，我们下次再算吧！"时间长了，大家都被他的热情打动了，也对他产生了信任感，所以都喜欢来他这里买东西。

再看看对面那家店，老板真是天生就不适合做生意，一张冰块脸，少言寡语，很少说笑，从来不跟客户让步。偶尔有人壮着胆子想让他抹个零头，他就立马拉下脸来，一脸不情愿。客户花钱买东西，哪愿意受他的冷言冷语？这样哪有客户愿意来这里买东西啊？

路南路北一对比，我们就能看出热情的力量了。热情而又爽快的老板，做着生意赚了钱，交了朋友聊了天，生活甭提有多舒畅。而冷淡古板的老板，客人少没钱赚，只能守着摊子愁眉苦脸。

所以，热情一点儿有什么坏处？它不仅可以树立起自己的热心形象，还可以解除客户的陌生感。或许在短时间内，热情与冷淡的差别不是很明显，但是日久见人心，客户还是更容易被热情的态度所感染，在合作和交易中更容易说出"Yes"。

然而，有些销售人员还是不懂得这个道理，他们觉得自己是用产品来吸引观众，而不是"出卖自己的笑脸"。结果，自己的销售自然以失败告终。不妨想想，好的产品那么多，客户为什么要花钱买难受呢？为什么不选择热情、好客的销售人员呢？

正因如此，凡是成功的销售人员，他们始终怀着一颗乐于助人的心，对客户和工作都充满热情。

瑶瑶是一家品牌手机卖场的销售人员，对待客户热情周到、有耐心。不管遇到怎样冷淡、固执的客户，最后都会被她的热情所打动。

有一天，一位女士来店里买手机，瑶瑶把她看上的所有机型都介绍了一遍，还承诺送给客户赠品。但是那位女士还是拿不定主意，最后还说想要看看另一个品牌的手机，再做决定。

瑶瑶问客户想看哪个品牌的手机，客户如实告诉了她。客户本以为瑶瑶会说对方品牌的坏话，但是她却笑着说："那个品牌的手机，性价比很高，我有一个发小在这个品牌做主管。如果您想要去看看，我可以和她打个招呼，让她给您一个优惠价。您稍等一会儿。”

说着，瑶瑶就想要给发小打电话。可她刚拿出手机，客户就阻止了她，说道：“小姑娘，你这个电话别打了，我觉得你刚才给我推荐的那个手机也挺好的，我就不来回跑了。其实，我刚才是真的想去那边看看，但是你这姑娘太‘实诚’了，还帮我联系熟人。既然两个手机品牌差不多，我就冲你这个人真诚、热情的态度，买你的手机了。”

瑶瑶见客户如此说，笑着说道：“大姐，现在一款手机也不便宜，每个品牌都有自己的优势，您多看看很正常。我既然有熟人，就想着让您能省一点儿钱。毕竟今天咱们能聊这么久，也是一种缘分。”

“没错，这就是缘分。我就冲着这缘分，肯定得在你这里买了。”说完，这位女士痛快地去刷卡了。

瑶瑶卖的手机品牌，有好多同档次的竞争者，可是只有她的业绩高，回头客也最多，这显示出了她的高情商。

我们知道，任何交易都不是一锤子买卖，销售人员想要吸引并留住客户，就应该做到热情、真诚。这才是让客户说出“Yes”的捷径。真心面对客户，我们才能换得客户的真心；热情对待客户，我们才能收获客户的回报！

善于请教，满足客户的优越感和虚荣心

孟子说：“人之患，在好为人师。”的确，“好为人师”是人性的一个弱点，因为每个人都希望得到别人的尊敬、敬仰，都想要在别人面前显示自己的优越感。

当然，如果能够抓住某个人的弱点，满足对方的虚荣心，我们便能轻易地掌控对方。很多优秀的销售人员就善于利用客户的这一弱点，在与客户沟通的时候，他们表现得低调、谦卑，主动向客户请教问题，“认客户为师”，从而不动声色地掌控了客户的心。

所以，我们要学会向客户请教，通过这种举措让客户身心舒畅，满足客户“好为人师”的虚荣心。如此一来，客户自然会对我们抱有好感，愿意购买我们的产品或服务。

不信，我们先来看一个案例。

张平是一名电脑销售员，某一次，他想要和某大公司谈采购电脑的合作事宜。因为平时跑得很勤，加之认为自己足够努力，他对这次合作充满信心。然而事与愿违，他的销售之路并不顺畅，在销售工作进入关键阶段之时，这家公司的总经理将采购电脑的相关事宜交给了技术顾问陈教授全权负责。

在沟通过程中，陈教授明确表示，目前该公司对两个品牌的电脑有合作意向，其中一个就是张平所代理的电脑品牌。虽然陈教授说两种品牌的电脑各有优缺点，但在言语上明显偏向另一品牌。

这下可急坏了张平，担心“煮熟的鸭子”就这样飞掉了。于是，他决定进行最后的努力，尽量向陈教授展示该品牌电脑的优势，希望以此来打动陈教授的心。接下来，他便口若悬河地向陈教授谈论起自己所代理的电脑性能如何优秀、设计如何特殊……

谁知，陈教授越听眉头越紧皱，几分钟后，不耐烦地打断了张平，并且严肃地说：“你说的这些内容我早就了解了，你不用再强调了。今天就这样吧，我还有工作要处理。”

张平万分沮丧地回到公司，当同事询问事情的进展时，他一五一十地告诉了同事。这位同事说道：“陈教授作为电脑专家，对电脑比我们更了解。你向他介绍那些性能，不是班门弄斧吗，怎么能打动他呢？你为什么不换个角度，采用‘向师傅推销’的技巧呢？”

张平不解地问：“‘向师傅推销’的技巧？”

同事回答说：“没错，你可以抱着谦虚、尊敬、求教的态度去向他请教，不动声色地恭维他一番，或许可以收到意想不到的效果。”

张平听了同事的话，仿佛醍醐灌顶，于是他再次拜访了陈教授。这一次拜访，张平改变了自己的说话习惯，一脸诚恳地说道:“陈教授，我今天来拜访您，绝不是来向您推销。其实，我之前读过几本您撰写的电脑书籍，对您感到十分钦佩。上次和您谈过后，我回家仔细琢磨了一下，觉得您说得很有道理。我们所代理的电脑确实在设计和功能上有所缺陷，我想向您请教一下，这些缺陷对于使用者有什么影响呢？使用者应该如何让这个缺陷变得最小呢？今天我来这，就是想弄明白这个问题，好在以后的销售中为客户解答问题……

听到这里，陈教授的态度果然发生转变，语气也变得和悦起来。他说:“年轻人，虽然你们的电脑在整体设计上确实不是最突出的，但是有些设计还是很不错、很有亮点的。至于那些功能上的缺陷并没有什么大问题，对于普通用户没有什么影响，也只有专业人士能够看出来……”

之后，张平又向陈教授请教了几个简单的问题，这次谈话也非常融洽、顺利。不久，张平和这家公司的生意便谈成了。

在这个案例中，销售人员张平初次销售之所以失败，是因为他忽略了对方的虚荣心，试图表现得比客户更高明，从而让客户失去好感。第二次销售时，他意识到了自己的问题并很快转变了销售思路，通过虚心求教的方式来满足客户“好为人师”的虚荣心、自尊心，让对方感受到自己对他的尊重，从而获得成功。

由此，我们可以得到启示：向客户请教，让客户产生优越感，能让我们在销售中更轻易地俘获客户的心。不管这个客户是博学多才的学者、事业有成的成功者，抑或是普通职员、家庭主妇。

作为一名销售人员，当我们在销售过程中碰壁时不要放弃，而应该重整旗鼓，抱着学习和请教的态度再见一次客户。既然“斗”不过他，就干脆拜他为师，向他请教失败的原因，把他抬到“师傅”的轿子里，满足他的虚荣心，说不定你可以顺利地转败为胜。

那么，我们具体应该怎么做呢？

1. 虚心倾听

面对渊博学识的客户，我们要表现出尊重、敬佩的样子，多向他请教专业性的问题，并虚心地倾听。这不仅可以让客户的好胜心理得到满足，还可以让他为了表现自己而向我们传授更多的知识和经验。

2. 专注

和客户交谈时，对于客户所反映的内容要集中精力认真去听，并对信息进行及时的分析、概括和汇总。不要错过任何细节，尤其是那些看起来不起眼、实际却起关键作用的信息。

3. 适当使用讨教的语气求教

在与客户交流时，我们可以降低自己的姿态，采用谦虚、讨教的语气。比如，可以这样说："请问，您刚才说的那个问题，具体是指哪些方面呢？"当你这样提问时，客户就会被你的谦虚所打动，认真地为你解答问题。

当然，在提问的时候，我们要注意技巧，不能提过于低级的问题。

4. 不要反驳

当客户的观点和意见与我们相左时，我们可以在心里思索反驳的观点，但不要急于表现出来，一定要等客户说完之后，再婉转地表达自己的观点。

诚如美国一位著名的哲学家所说的那样："驱使人们行动的最重要的动机是做个重要人物的欲望。"每个人都想要显示自己的重要性、优越性，我们在销售过程中必须掌握沟通的技巧，通过向客户请教的方式让客户产生优越感，创造与客户对话的机会，从而增强客户对我们的好感。

巧妙报价，不给客户讨价还价的余地

在销售中，一个关键环节就是报价，这里面也有许多技巧和学问。但是很多销售人员就是因为给客户留下了一个价格虚高的坏印象，让客户怀疑产品的真正价格而选择拒绝交易。或是在报价时摇摆不定，让客户感觉还有讨价还价的空间，所以在价格上拉锯，以至于久久不能成交。

正因如此，销售人员应该掌握报价的技巧，在报价时学会掌握主动权，先入为主，尽量不要给客户太多降价的空间。

小夏是一家电脑商城的销售人员，负责销售苹果、三星、惠普等非常知名的品牌电脑，普遍受到客户的认可和青睐。

有一天，小夏接待了一位女士，这位女士看的都是苹果品牌的高端电脑，看来已经锁定了这个品牌。最后，这位女士将目光停留在 Apple MacBook Pro 这款电脑面前，问道:“请问这一台电脑多少钱？”

小夏:“女生您好，这款电脑的价格现在是 10699 元。”

客户有些迟疑:“这个电脑这么贵吗？我之前在网上看的价格好像是九千多，怎么涨价了吗？还是你们的标价比较高？”

小夏:“女士，您是不是看错了型号？这款电脑是全国定价 10699 元，所有的店面都是统一定价。”

客户:“虽然你这是实体店，价格要比网上高一些，但是怎么比网上贵这么多呢？人家是不是搞活动了？你们也应该搞个促销活动，好多吸引一下客户啊。”

小夏耐心地解释说:“您也知道我们这款电脑是最新推出的款式，所以网上肯定也有很多商家在重点推荐。但是即便搞活动，肯定也差不了那么多钱。如果您看到的真的是这个型号，还标价九千多，有可能是水货或者山寨的。”

客户惊讶地说:“还有这种情况发生吗？难道我真的看错了？”

小夏接着说:“女士，请您相信我们。全国统一定价的东西，价格优惠空间非常小，不可能达到您说的那个价格。而且，我可以告诉您怎样识别电脑是真货还是假货，如果您有机会可以到网上试试。”

这位女士还是想要讨价还价，说:“这么贵的东西，我可不敢乱试。你今天给我打个折吧，如果你给我打个折，我就不去其他店买了。”

小夏:“非常抱歉，女士，这个价格真的没有下降的空间了。您可以去其他店看看，价格肯定都是统一的。如果您非常喜欢苹果电脑，我可以给您推荐性能差不多，但价格能便宜一些的机型，您觉得怎么样？

见小夏丝毫没有让步的迹象，这位女士最后说:“其实，我也是看了很长时间，就是喜欢这一款。你这样一说，我觉得网上可能不可靠，既然其他地方也不会有优惠，我还是不浪费时间了。我就在你这里买吧。”

就这样，这款电脑以 10699 元的价格成交了。

可以说，在销售过程中，明确无误地告诉客户价格，能够让客户产生关于价值的联想，促进客户的购买行为。同时，还可以减少客户在价格上的纠结，免去许多不必要的争辩。小夏在一开始就直接告诉客户确切的价格，并且一再强调这是全国统一售价，品质是有所保障的。这让客户相信这台电脑是物有所值的，价格也不会随意变动。所以，客户虽然觉得这产品的价格有些贵，但还是会就此产生信任感。

而如果销售人员一开始就报高了价格，说这台电脑 12000 元，如果客户想要能优惠一些，他就会觉得有讨价还价的空间，想要降低更多。即便销售人员最后说 10699 元是最低价了，恐怕客户也不会相信，最后还会导致交易失败。

所以，在销售过程中，我们要巧妙地报价，适当推销，确定价格不改变，不给客户过多的降价空间，如此才能提高成交效率，增加自己的销售业绩。

尽管我们知道，每一次的销售都避免不了就价格讨论一番，但如果销售人员能够知晓客户的消费心理，加上有技巧性的语言，就能让自己的销售变得更顺利。

但是，我们怎样才能做到让客户尽快成交呢？

1. 一次性成功报价，要价不宜过高或过低

在销售过程中，一次性报价成功十分重要，这直接影响产品的价格曲线，也影响了客户在消费过程中对销售人员的态度。当然，报价过高或者过低都是应该避免的，报价太高，超过客户的心理设想，客户就会果断拒绝。但如果报价太低，利润空间被压缩，提价的可能性也会非常小，从而影响销售人员的业绩。

比如，在生活中，我们经常遇到这种状况：销售人员对产品漫天要价，说自己的产品如何好，所以价格要比其他产品高很多。这样一来，客户直接被这个价格吓跑了，对商品失去了兴趣，根本不愿意再去讨价还价。这是因为他们觉得这个产品根本不值这个价格，而且担心买到贵的产品，不知道砍价多少才能不吃亏。

而有的销售人员为了吸引客户，有意报一个很低的价格，之后在交谈的过程中又百般借口抬价，说是亏本生意。这也是客户无法接受的。

所以，销售人员事先应制定好合理的市场价格，最好是一次性报价成功，避免让客户再砍价。如果想稍微降一点儿价格，让客户有心理安慰，也要把握好尺度。

2. 用价值说话，提升产品品牌优势

价值规律告诉我们，价格是价值的反映，围绕价值波动。所以，产品的价值越高，客户对价格的质疑就越小，成交率也就越高。在处理价格争议时，销售人员应该学会用价值说话，提升产品的品牌优势。

通常在一些大品牌的营销策略中，销售人员会报出产品的价格，紧接着就会告诉客户产品的价值，这会让客户更倾向考量产品的价值和价格是否匹配。而很多时候，这些品牌的销售人员不会因为价格和客户纠缠不休，而是运用品牌和价值的力量，缩小客户讨价还价的余地。

营造声势，给客户带来紧张感

在销售过程中，客户难免有犹豫不决的时候，这时如果销售人员找不到合适的方法促使客户尽快下决定，成交就会遥遥无期。

其实，遇到这种情况，我们不要着急，只要善于利用客户怕买不到的心理，制造紧张的氛围，就可以轻松地促成交易。这也是销售人员常用的销售方式之一。

小茵是一家房地产公司的销售人员，她曾遇到过这样一个客户，多次询问价格，多次实地考察，就是没有下决心购买。所以，小茵就想找个办法催促一下客户，以免错过最好的销售时机。这是为了自己的业绩，同时也是为了满足客户的需求。

这天，小茵给这位客户打了个电话："您好，徐总。我是小茵，您现在有时间吗？"

客户："我现在不忙，你说吧。"

小茵："您之前看好的那个商铺，虽然我已经为您预留了，但是因为地段好，环境好，还有许多客户来跟我们咨询……"

小茵还没有说完，客户就着急地说："那个商铺你不是说给我留着的吗？我之前说过要在这个地方开一个饭店，你现在是什么意思？"

小茵解释说："您说得没错。您已经口头上和我预定了，我也和我们经理报告过了，但是按照我们的规定，如果您现在还不能签订协议，我们也只能介绍给其他客户，看你们谁先交定金、签合同就和谁达成交易。昨天我们这里来了一个客户，非常看好那个地方，说要开个 KTV。"

这个客户立即说："你先给他介绍其他商铺，我再考虑一下就去签订协议。毕竟是我们先和你们洽谈的。"

小茵抱歉地说："徐总，您的眼光好，看上的这套商铺各方面条件都很好，只此一套。正是因为如此，我们的那位客户也看上了这套。我已经给他介绍了其他的商铺，但是他就是看不上。如果您觉得合适就赶快签协议吧，否则……”

结果，这位客户当天下午就赶了过去，当场把合同签了。

没错，在现实生活中，许多客户考虑问题比较谨慎，每当销售人员催促他们成交的时候，他们总会给出各种理由。打电话催促，他们会说：“没时间，等我有空一定给你回话”；登门拜访，他们又会表现得非常忙碌，让销售回去等回话。

遇到这种情况，销售人员肯定会着急和苦恼。但是如果我们能仔细探究一下客户的心理，就能发现，他们并没有找到产品的价值，以及对他们的有利之处。所以，即便他们已经看好了，但是在暂时没有得到确切印证之前，还会持观望的态度。

就像案例中的徐总一样，他让销售人员为他预留那个商铺，是因为他知道这个商铺是有价值的，但是又不确定它是否能真的给自己带来收益。所以，他才迟迟不肯购买。直到销售人员说其他客户也看重了它，才让他确定自己的判断是对的，于是立即下决心买了下来。

简单来说，销售人员如果没有给客户带来有价值的信息，双方在购买决定上产生分歧，客户就会利用各种借口来拖延时间，给自己充分的时间考虑。在这种情况下，一旦销售人员有所迟疑或是一味等待，就会在客户的观望中流失掉这个客户。

所以，我们应该在关键时刻学会催促客户下决定，营造声势，以便给客户带来压力和紧迫感，从而促使他们做出成交的决定。

1. 利用其他客户的案例，旁敲侧击

销售人员每天要接触很多客户，当客户有购买意向却不能做决定时，我们可以利用其他客户的案例，以旁敲侧击的方式，促使客户实现交易。这种做法比较含蓄，既不会伤害客户的自尊心，又能实现自己的销售目标。

比如，我们可以和客户强调货源的紧俏性，侧面凸显出产品优势，让客户感到自己是有竞争对手的。一旦客户感到竞争压力，就会加快决策的步伐，更快地答应签单。

2. 日期与数量的限定

常用的限定方法中，包含日期的限定，还有数量的限定。以下几种话术，销售人员可以参考运用。

1）截至5月7号，我们的优惠活动就结束了。

2）6月1号前订购我们的产品，可以获赠价值800元的礼包。

3）这款产品现在只剩最后一个。

4）这款商品属于限量销售，先到先得。

3. 适当的强硬，态度要真诚

双方谈判僵持不下的时候，销售人员可以在保持适当的礼仪时，让自己的态度变得强硬一些。

比如，客户比较纠结价格，销售人员可以在最后报价时，表现得强硬一些，但态度要真诚。“这是我最后的报价，您能接受这个价格，咱们就可以愉快地成交；如果您不接受，那我就不浪费您的时间了。”这样的态度，反而能够起到更好的效果。

最后，我们要记住，营造声势，制造紧张感，目的是要说服客户尽快下决断。这个过程应该保持真实、可信的感觉，而不是一场关于促销的表演，否则就会让客户感觉自己被欺瞒了。同时，我们千万不要情绪失控，或是气急败坏，否则就会让客户产生坏的印象，让你之前的所有努力都前功尽弃。

欲擒故纵，与客户打心理战

在销售中，很多销售人员会遇到这样的情形，你越是积极主动地介绍产品，客户反而不急不躁；你越是想要尽快地签约，客户反而犹犹豫豫；你说产品好，客户反而看到的全是缺点；你说产品价格优惠，顾客反而觉得价格还有可能再低一些。

之所以出现这种情况，是因为客户抓住了我们急于成交的心理，不是想要逼迫我们妥协让步，就是想要获得更多的利益。

其实，这时我们应该静下心来，转换角度思考问题，采用欲擒故纵的方式，与客户打心理战。

欲擒故纵可以说是一种绝妙的心理战术，意思是故意先放开对方，让他放松警惕和戒备，等到对方充分暴露之后，再一举把他捉住。它就是利用对方的松懈心理，以到达自己的目的。在销售中，很多销售人员都善于运用欲擒故纵的方式，化解自己被动的局面。

陈小鲁是一家洗化用品的销售人员。在一次公司举办的新品推介会上，他负责和客户马经理商谈合作事宜。

在交谈过程中，陈小鲁详细展示了新产品的优势，但是始终没有说服马经理下订单。陈小鲁直接询问道："马经理，您究竟是对我们的产品有什么疑惑呢？我刚刚已经详细地阐述了新产品的性能、功效，您还在犹豫什么呢？"

马经理见陈小鲁这样问，便也坦诚地说："我觉得你们的产品应该没有那么神奇的功效吧，毕竟新产品投入市场，还没有什么具体的反馈。我怎么能这么快就跟你签合同呢？"

为了打消马经理的顾虑，陈小鲁把实验数据、前期市场调研等资料全都展示给他看，但是马经理依然没有表态。

眼看谈判陷入僵局，陈小鲁决定改变谈话的策略，不再积极主动地劝说客户，而是采取欲擒故纵、以退为进的策略。陈小鲁把产品和资料收了起来，同时对马经理说:“马经理，感谢您今天参加我们的活动，也非常感谢您听完我的介绍。我感到非常遗憾，我们没有能够达到共识。既然您觉得对我们的新产品没有信心，那也没有关系，我再找其他客户谈谈吧。”

马经理对陈小鲁的举动感到非常惊讶，他还以为这个销售员会和自己纠缠一会儿，没想到这么快就放弃了。

这时候，陈小鲁的电话刚好响起，显然是有客户想要和他谈合作的事宜。而他也就没有急着离开，而是当着马经理的面与对方谈起了具体事宜。

正如陈小鲁所料，马经理见到这种情况，也改变了自己的态度。等到陈小鲁一挂断电话，他就笑呵呵地说:“小陈，你先别着急。我并没有说对你们没有信心，咱们下面再谈谈产品的问题。”

陈小鲁继续假装着急地说:“刚才我已经把全部的产品信息都跟您介绍了，您如果想再了解其他情况的话，可以打电话给客服人员。实在非常抱歉，马经理，那个客户催我去谈谈。”

谁知马经理却说:“你这小陈怎么这么着急啊。凡事都有个前来后到，我们还没谈完，你怎么着急走？我们现在就谈一下合作细节，然后把合作协议签了吧。”

陈小鲁非常聪明，他深知客户的心理，所以才运用欲擒故纵的办法让客户当场就签下了协议。

人们总是对自己得不到的东西有种更强烈的渴求，对送上门来的东西又不屑一顾。这个道理在销售中同样适用，如果我们对客户强追猛打，客户反而会避退三尺，迟迟不肯成交。但是如果我们能够在适当的时机收回热情的态度，主动地退一步，反而让客户更积极主动。

案例中的马经理，其实并不是怀疑新产品的功效，那些言辞只是他假装拒绝的话术，目的是想获得更多的利益。所以，当陈小鲁准备离开的时候，他又害怕自己没有了合作机会，于是急忙拦住要走的陈小鲁，马上签订了合约。

那么，除了像陈小鲁那样假意放弃而再寻找其他客户的策略，我们如何才能熟练运用欲擒故纵的销售技巧呢？

1. 先试后买，勾起客户的好奇心

新品销售上市之前，商家或是厂家都会进行前期推广宣传，目的是为了聚集客户，引起客户的好奇心，从而让客户对新产品的上市产生期待。

比如各种类型的新品发布会，都会为客户提供产品体验的机会。食品会让大家提前试吃，消耗品分给大家试用装，同时告诉大家：“我们将在 5 月 1 日正式上市，届时所有的新产品都有优惠活动，欢迎大家前来商谈合作事宜。”

体验试用品的时候，许多客户会对产品的创新之处加以留意，从而对新产品产生购买动机，并且变成真正的客户。

2. 限量销售，制造紧缺感

现在，许多有特色的小吃店都会运用一种销售策略，就是限量销售。比如，有一家卖凉皮的店，干净卫生，口味正宗，是经营了多年的老店，积攒了许多忠实客户。

除了这些，这家店吸引客户的原因还有一个，那就是每天都定量销售，只要是做好的食物卖完了，不管后面排了多长的队，老板都会立即关门。即便是客户有意见，或是好言相求，老板也绝不妥协。当然，老板也会诚恳地表示歉意："不好意思，今天我们的凉皮卖完了。因为店里人手不够，而且做得多了，就无法保证质量和味道，所以请大家理解和谅解。"

事实上，老板完全可以多雇个人，多做一些凉皮。但是他坚持限量销售，目的就是制造这种产品的紧缺感。这就是我们说的欲擒故纵。所以，想尽各种办法促进销售，也不如限量销售更有诱惑力。

3. 预定销售，吸引客户抢购

据说在日本有一家商店，以独特的打折方式而出名。这家商店销售的产品种类繁多，几乎所有商品都会打折，并会制定出明确的打折日期。比如，第一天会打9.5折，第二天打9折，第三天打8.8折……一直打到1折为止。

许多人听到这种打折信息都会激动万分，因为1折商品可是不容易见到的。但是这家商店的商品数量却非常有限，有人为了抢购自己喜欢的商品，在前几天就会抢购。而那些想等到1折才去购买的客户，很可能抢购不到自己想要的商品。

这种销售方式就是运用客户的抢购心理，制造商品紧俏的表象。

总之，销售人员想要客户马上成交，就要善于观察和掌控客户的心理，运用欲擒故纵的策略，让客户主动成交。

第 7 讲 Lecture 07

雷区

——洞悉沟通规则，避免触犯忌讳

Sales and Eloquence

销售是一门学问，与客户沟通更需要技巧，千万不要踩到雷区。比如，不要和客户抬杠，不要向客户炫耀，不要得意忘形……只要躲过这些雷区，熟悉沟通规则，我们才能跟客户愉快地合作下去。

他唱你要和，别让客户自言自语

石油大王洛克菲勒说：“假如人际沟通能力也是同糖或咖啡一样的商品的话，我愿意付出比太阳底下任何东西都珍贵的价格来购买这种能力。”所以，有效的沟通不仅是人们日常工作、学习、生活中不可或缺的一个重要部分，更是销售活动中促使成交的重要依据。

虽然在销售中，我们要倾听客户讲话，力捧客户做主角，但这并不代表作为配角的你可以保持沉默。在倾听主角谈话的过程中，我们要懂得积极地回应对方，让客户知道我们正在倾听，否则客户就会以为自己正自言自语地唱独角戏，从而对我们产生不良印象。

宝妮在一家书店工作。一年多来，她不仅工作认真负责，还为很多读者推荐了不错的书籍。可以说，她是一位非常合格的销售人员，也受到很多读者的欢迎和信任。

某天，书店来了一位 40 岁左右的中年男人。进店后，他便停留在了心理书籍的书架前。看到有客人进来，宝妮便很热情地走了过去，打招呼说：“您好，先生，请问是想购买心理学方面的书籍吗？”

这位客户回答说：“嗯，我就随便看看。”宝妮看客户的样子好像不太愿意和自己搭话，于是也不好做什么推荐，只好退后站在一旁。只见这位先生在心理学书籍的书架上翻阅了好久，一边看还一边自言自语地说："怎么看起来都差不多呢，到底应该选哪本合适呢？"

看到客户一时拿不定主意，宝妮觉得此时时机已经成熟，于是再次走到客户面前，对他说："先生，请问有什么可以帮您的呢？"

客户有些苦恼地："我就是想买一本关于心理学的书，但这书架上的书籍太多了，看着也没有什么区别，我都不知道该选哪一本好了。"

宝妮笑着说："是啊，现在心理学方面的书籍确实挺多的，包括了很多方面。方便告诉我，您为什么想购买心理学书籍吗？"

客户回答说："其实，我购买这类书籍有很多方面的因素。一方面，我本身就比较喜欢这类书，但是以前工作忙没时间看，现在空闲时间比较多了，就想找一些这方面的书来看看；另一方面，我目前的工作需要掌握一些心理学方面的基础知识。"

听了客户的回答，宝妮推荐说："如果是这样的话，我建议您可以先购买这本《心理学基础》。等您了解了一些心理学基础知识之后，可以再试着购买专业性比较强一些的书籍。这样一来，您读起来可能更轻松一些，毕竟心理学知识是比较复杂难懂的，我们普通人很难理解这些专业性知识。”

在宝妮的推荐下，这位客户选择了这本《心理学基础》，然后高兴地离开了。

宝妮的成功案例告诉我们，销售人员除了良好的口才之外，还需要具备一双观察入微的慧眼与善于倾听的情商。一开始，宝妮的热情被客户无情的地拒绝，她没有继续纠缠客户，也没有生气地离开，而是在一旁耐心等待，等到客户真正需要帮助的时候再伺机出现。当客户自言自语地发出疑问的时候，她立即给予了回应。

而且，在与客户的交流中，她不仅倾听了客户的需求，还给出了积极回应，为客户提供了合理的意见。这不仅帮助客户解决了问题，同时也帮助自己快速地完成了销售订单。

美国人际关系学家卡耐基说：“一个人的成功，15% 取决于他的知识和技能，85% 取决于他的沟通能力。”由此可见，在销售过程中，沟通能力极其重要。销售人员只有很好地掌握了听与说的度，并在倾听的过程中给予客户合理的建议与意见，引导客户说出真实需求，才能与客户进行有效的沟通，并最终获得客户的信任。

那么，具体来说，销售人员如何做才能更好地倾听客户的声音，并且做出适当的回应呢？

1. 注意识别客户的情绪反应

俗话说，“情绪是心理的反应”。在沟通过程中，销售人员可以通过自己敏锐的观察力识别客户的情绪，然后客观地分析客户的情绪和心理，判断客户所要表达的意思，并以此来调整自己说话的语速或者话题。

2. 认真倾听，给予积极的回应

要想和客户进行有效沟通，销售人员必须全身心地投入谈话之中，倾听客户的观点和意见，而不能心不在焉，更不能毫不在意。等到客户表达完自己的意见与观点后，销售人员要给予积极回应，比如“嗯，好的”“对的，没错”，让客户感受到你对他的重视与关注，并以此来激发客户的谈话兴趣。

如果客户提出疑问，销售人员应该积极给予解答，即便无法解答，也不能沉默以对。

3. 以提问的方式回应客户

销售人员在与客户交谈时，可以使用开放式的提问方式，让对方多说话。

当客户身心放松了，他们就会采用自己习惯的语言方式来回答和解释你的提问。这也是一种很好的获取客户反馈的有效办法。

4. 确认客户的谈话

认真倾听完客户的讲述后，销售人员一定要及时向客户确认谈话的内容，向对方阐述你所理解的相关信息。可以试着这样问:“刚才听您说……”“这个产品您是想购买……”或者“……是这样，对吗？”

沟通是双方的交谈，是你说我听、你问我答的事情。如果只是一方说，另一方不作声，沟通就无法顺畅，沟通的目的也无法实现。所以，一名销售人员在与客户沟通时，要想成功拿下订单，就千万不要让客户自言自语、唱独角戏，而是应该及时、有效地回应客户，让彼此的沟通更有效、和谐。

客户有异议，别说抬杠话

如今市场竞争异常激烈，产品质量参差不齐，假冒伪劣产品也非常多，这让许多客户很难分辨产品的优劣真假，从而对销售人员产生信任危机。所以，当客户和销售人员沟通的时候，就会不自然地产生质疑、提出异议。

“你们这个品牌的产品，我没听说过，质量有保证吗？”

“你们的产品是不是正规厂家生产的，不会是小作坊的产品吧？”

“现在市场上有很多假冒伪劣产品，你们代理的产品不会有问题吧？”

面对质疑和异议，销售人员的内心肯定有不舒服的感觉，肯定想要立即反驳和解释。这都是可以理解的。但是，我们要做的是积极地回应客户，不沉默或者逃避，而不是和客户争辩，甚至是一气之下跟客户吵起来。一旦销售人员和客户争吵起来，这生意恐怕就要彻底失败了。

悦悦开了一家品牌女装折扣店，店面就在繁华的商业街上，客流量非常大。别看这个店铺面积比较小，但在悦悦的用心装扮下，小店风格清新时尚、有品位，让路过的行人都禁不住想进来看看。

而且，悦悦经营的服装确实都是大品牌，款式和质量都不错，价格也很适中。所以，她非常有信心把自己的小店经营得红红火火。

但是让人奇怪的是，三个月下来，悦悦的小店还是没有进入正轨，每个月的销售额连房租、水电都不够支付，更别提盈利了。这可把悦悦愁坏了，急忙找朋友帮忙想办法。

这一天，一位朋友来到悦悦的小店，想看看她是如何经营和推销的。很快，一位客户进店了，悦悦立即就迎了上去，热情地向客户介绍自己的衣服。这位客户试了几件衣服，可都不是非常满意，便继续挑选起来。

这个时候，原来热情客气的悦悦开始有点儿不高兴了，因为她看得出来这个客户很喜欢其中一件衣服，但就是不愿意购买。于是，她拿出那件衣服，态度有些急躁地对客户说：“你穿这件衣服最好看了，而且这件衣服的款式是今年最流行的，颜色和你的肤色也很配，你为什么不想要呢？”

客户看了一眼这衣服，说：“我确实喜欢这一件衣服，但是在其他店也看到过同样的衣服，价格和你这里差很多。”

悦悦马上争辩说：“这不可能。你看的那件衣服肯定和这件不是一个品牌的。我们的衣服都是在同一厂家采购的，只要是同一款式，价格肯定不会有所差异。”

客户有些疑惑地问道：“但是两件衣服的价格确实差太多了，是不是质量和用料上有区别？你们这里的衣服是正品吗？”

悦悦马上情绪激动地说：“你是什么意思，这件衣服是知名品牌，所有经销商都在卖这款衣服。要是像你说的，我这里不是正品，那还能卖出去吗？真是开玩笑。”客户一听悦悦说出这样的话，明显也生气起来，把衣服放下就走了。

而悦悦回头对朋友说：“就这样的客户，我一天能遇见好几个，真是气死我了，竟然说我的衣服不是正品！”朋友此刻才真正明白，悦悦生意不好，不是衣服和价格的问题，而是她说话态度和方式的问题。

客户对产品的质量和价格有顾虑，这是很常见的购物心理。客户肯定要货比三家，希望买到最有价值、最实惠的产品。这个时候，销售人员只要解决问题，拿出足够的证据，证明自己产品的质量和价格，就可以消除客户心中的疑虑。

可如果销售人员因为客户提出疑问、质疑，就生气地反驳，甚至口出恶言，只能让自己的销售道路越走越窄。

那么，当客户有异议和质疑的时候，销售人员应该如何巧妙地应对？

1. 保持良好的态度，耐心地解释

想要有效解决客户的疑问，打消客户的疑虑，销售人员就要拿出良好的服务态度。不管客户提出的疑问是对还是错，只要他们提出了异议，都需要销售人员耐心仔细地解释，做到真心为客户着想。如果真的是自己的产品有问题，我们就应该负起责任，妥善处理相关问题。

即便我们的产品没有任何毛病，客户的猜疑只是空穴来风，甚至故意挑刺，我们也不能直接和客户发生冲突，而要与客户及时沟通，仔细听听客户的心里话。然后，再安抚好客户的情绪，用事实证明自己的产品没有问题，消除客户对产品的偏见。

2. 与同类产品进行对比，用事实说话

销售人员要对自己的产品非常有信心，当客户提出异议的时候，我们可以拿自己的产品和同类产品进行对比，尤其是在质量和售后方面。敢于对比，就说明自己的产品经得起推敲，有值得信赖的产品优势。

当所有的事实都摆在眼前的时候，我们就要把时间交给客户，让客户自己进行判断和衡量。这样一来，说服客户就变得简单起来。

销售人员代表的不仅仅是个人、产品，还代表着企业和品牌的形象。所以，在与客户沟通时，我们要保持平和的心态，切忌和客户争吵。要记住，客户有异议和质疑是很正常的，有怨言也是可以理解的。不和客户抬杠，不和客户发生正面冲突。这才是销售人员的聪明之处。

忌多言，让客户说出你想说的话

俗话说“言多必失”，不管是生活还是工作中，说得太多通常会适得其反。同样在销售工作中，我们要注意这一点，该说话的时候说话，该沉默的时候沉默。尤其是在产品介绍的过程中，我们只要把该说清楚的要点说明白就可以了。一旦说多了，反而会让客户觉得啰唆，招来客户的反感。

关键时刻，我们还可以巧妙地把话语权交给客户，让他们替自己说出自己想说的话。或是借助第三方之口，间接地表达自己的想法和意见。很多时候，这可能比你说一百句话更有效。

国内一家大型汽车生产公司正在采购下一年度生产计划中所需要的汽车坐垫布料，通过层层过滤，最后只剩下三个供应商。汽车公司要求这三个供应商按照公司要求做好样品，然后交给公司进行最后审核。

最后，汽车公司通知三个供应商在某个周一前来商谈，大家来一次公平竞争，确定供应商人选。这一次，所有的经销商代表都严阵以待，希望能够尽可能地展现自己产品的优势。

但是其中一个供应商代表宋先生到达的时候，却不幸感染了流感，导致嗓子说不出话来。此时换人已经来不及了，他只能硬着头皮上。进入会议室之后，他发现里面已经坐满了汽车公司的高管，包括总经理、工程师、采购经理等人。

然后，他尝试着清了清嗓，想和大家问个好，并说明一下自己的特殊情况。结果不幸的是，他发现自己根本无法发出声音来。情急之下，他只能找来一张白纸，在上面写下这样几句话：

各位领导，我感到非常抱歉。由于感染了流感，我的喉咙突发炎症，根本说不出一句话。而且事发突然，我们公司也没办法再换一个人来代替我的工作。

这下，汽车公司的高管们为难了，如果直接 PASS 掉他，本公司可能失去一个好的合作伙伴。可如果再给他一次机会，对另外两家又显得有些不公平。

正当大家不知道怎么办时，汽车公司的总经理发话了，他说：“没关系，你的产品我们大概都了解了。你不是带详细资料了吗？我就先替你介绍一下。”

这句话让宋先生感到震惊，但也让他求之不得。于是，总经理便真的站在他的角度，以他的口吻开始介绍样品，并且客观地分析了该产品的优劣。

接下来，高管们就针对他提供的样品，开始了热烈的讨论。由于是总经理替他介绍，所以他更了解该产品的具体情况，而作为“第三方”，他的话更能说服这些高管。

结果在大家的意料之中，宋先生和汽车公司签订了总价值数百万的合同，破了他的最高销售纪录。

这个案例中的宋先生非常幸运，不费一丝一毫的力气就赢得了这个订单。而从这个案例，我们也明白了一个道理：成功的销售并非必须需要销售人员口若悬河、滔滔不绝，也并不是说得越多就越容易成交。在沟通时，适当地保持沉默，引导客户说出产品的优势，认同自己的想法，这样一来，客户才能更愿意接受我们。

事实上，当从客户的嘴里说出产品的优势时，他们就会感觉自己并不是被你说服的，而是被他们自己说服的。

1. 对客户不要乱说一通，而是应该简要地介绍产品

对于客户来说，他们更喜欢对方适当地解说、适当地倾听，简明扼要地介绍产品之后，最好能多听听客户的诉求，这样才能让客户感到被尊重。而且，销售的关键不是多说话，而是站在客户的角度考虑问题，认真结合客户的消费需求，然后把产品卖出去。

很多销售人员与客户谈话时，经常会漫无目的地乱扯一通。他们说的话看上去都和产品有关系，但是却缺少重点和中心话题，让客户听着很累。所以，销售人员要做到言简意赅，避免自己说得多、错得多。

2. 引导客户的思路，让客户说出你想说的

上面的例子中，宋先生之所以成功，是因为客户替他说出了他想说的话。虽然这种情况比较特殊，但是我们在与客户沟通时，也可以通过巧妙的提问，引导客户说出我们产品的优势，为我们说话。

你说出来，客户可能产生怀疑，但是他自己说出来，客

户就没有办法怀疑了。因为人们几乎很难反驳或是怀疑自己说的话。

比如，在介绍产品优势的时候，你可以这样提问："先生，您了解我们的产品吗？您知道它都有哪些优势吗？"

别自说自话，力求让对方听懂

人类的嘴巴最重要的功能就是说话、与人沟通。有正常表达能力的人，每天都要和不同的人说很多话。但是你说的话，别人真的能听懂吗？

要知道，口语和书面语不同，口语表达要受很多因素的影响，比如场合、语气、情绪等。同样是说话，如果场合和语气不同，受众的理解也会截然不同。

所以，销售人员在说话时要斟酌词句，力求让对方能听懂。对方听懂了，理解对了，才能做出正确的回应。

然而很多销售人员在面对客户的时候，为了让客户了解更多的信息，做出正确的判断，说话时会不自觉地添加额外的内容。他们自认为这样有利于彼此的沟通，但是实际上却存在着这样的弊端——由于考虑对方能否正确理解，就一股脑儿地说出不合适的话来，结果导致说了半天却白费力气。

谷城最近应聘到一家商场做家电销售人员，考虑到自己之前没有从事这种工作的经验，对家电行业和专业知识不是很了解，所以他做了很多努力。在刚开始工作时，他非常努力地啃资料，背下了自己负责销售产品的型号、数据、技术特点等信息。正式上岗前，他满怀自信，相信自己能对客户的提问做到对答如流。

然而，做了半个月之后，谷城就开始失望了，因为自己卖出去的产品非常少。为了提升业绩，他左思右想，决定看看其他同事是如何把产品卖出去的，以便和同事学习销售经验。

有一天，商场来了一位大爷，在家电区转悠了一圈，最后在谷城的片区停住了。谷城赶紧迎上前去，询问大爷需要什么？大爷指着其中一台电视，问他："这个电视怎么样啊？家里电视老是出问题，我来看看有没有合适的。"

谷城很兴奋地告诉大爷："大爷，您看上的这台电视很不错，卖得相当好。这款就是现在比较火的智能型电视。您把电视安装好，只要连上无线网络，电视机中已经装好的安卓系统就能下载各种APP，想看什么就能看什么。而且，这款电视也支持HDMI，还可以通过USB传送内容，同时支持DLNA，您说是不是非常方便。您再看看这电视外屏，是曲面屏幕，高分辨率，观看起来非常清晰。"

谷城本以为自己这一番详细地说辞能说动大爷购买，可没想到大爷看了他一眼，说道："你这说的是什么？我一句都没有听懂。”然后就直接走掉了。

谷城感到迷惑不解，不知道为什么没有说服大爷。看到大爷走到别的品牌区域，

谷城也悄悄地跟着了过去，准备向其他同事取经。

只听那同事不紧不慢地向大爷介绍一款功能差不多的电视。他说道：“大爷，您看，这台电视是今年新出的款式，我们已经卖好多台了。它和现在的手机差不多，都是智能的。比如，您把它买回家，不用再向广播电视台交有线电视费了。只要连上家里的网络，想看什么节目都可以看到。您的手机也能和电视连接，想看看儿孙的照片或者视频都可以传到电视上看。您的手机也能当遥控器，手机上正在播放的电视剧、电影，只要按一下 TV 键，就能够转到电视上看了。而且，这个电视的设计能保护眼睛，看时间久了，眼睛也不会酸累。还有，它的画面特别清晰。”

这个同事说完之后，大爷点了点头说：“嗯，这个电视挺不错的，功能还挺多，我就定它了。”说完，就去交款了。

如果是从技术的角度来说，谷城的介绍肯定非常专业，名词术语表达准确。但是这些介绍对于五六十岁的客户来说，却是很难理解的，让人摸不着头脑。客户听不懂他的话，即便他说得再多，也是白费功夫。

与客户沟通，忌讳的就是不考虑客户的实际情况，只顾着

自己说话。要知道，我们说话是为了给别人听，如果对方听不懂，你说得再专业、再有道理，又能怎么样呢?

所以，如何表述才能让对方准确理解我们的意思呢?

1. 围绕中心，不要把客户带偏了

没有中心思想的文章容易跑题，让读者读完之后茫茫然。说话如同写文章，如果说话不围绕中心，就会把自己和客户都给带“跑偏”。所以，不管说话内容长短，我们都要把握好中心思想。所有的表述与辩论，都要围绕自己的目的，并且突出重点。

通常来说，短小精悍的表达比较容易做到这一点，而很长的一段谈话则很难把握好节奏和层次。所以，我们要力求说话简短明了，重点突出。

2. 斟词酌句，只为客户轻松理解

通常在销售过程中，我们的表述都会夹带一些专业术语。这些专业术语在业内人员听来，毫无难度，但对于普通客户来说就有些难度了。同时，年轻人、学历高的人，可能比较容易理解一些专业用语，而老年人、学历低的人则完全不了解你在说什么。

所以，不要以为说专业的词，就是专业的销售人员。我们

最好学会转化，将专业词语转化成通俗易懂的词句。即便必要时候需要说专业用语，也要在之后进行通俗的解释。

3. 不要跟客户玩“我说你猜”的游戏

沟通中，我们要直接说出自己的想法，并引导客户直接表达自己的意见，千万不要因为不好意思或是过于客气而欲说还休、遮遮掩掩，否则就会出现一方不能好好表达、另一方完全听不懂的尴尬。而且，双方都在猜测的话，肯定会产生非常消极的沟通效果。所以，不管是直接解释还是旁敲侧击，我们必须让对方客户真的明白你所表达的重点。

说话是人人都会的，但说话效果却因人而异。想要让客户对我们有好感并且愿意成交，我们就应该好好说话，让对方听得懂我们所说的话。

自吹自擂，只能让客户反感

俗话说“家丑不可外扬”，每个人都不愿意把自己的丑闻说给别人听，也不喜欢将自己的缺点暴露给外人。然而，每个人都愿意向别人展示自己的优势，习惯向他人炫耀自己的长处。

其实，人们有这样的想法和做法是可以理解的，毕竟人人都有虚荣心！可有些人却犯了夸大其词的毛病，把炫耀变成自吹自擂。

很多销售人员为了业绩，和客户沟通的时候，就喜欢自吹自擂，把自己的产品说得天花乱坠，甚至故意夸大产品的性能和功效。他们认为这样可以轻松地说服客户，可事实上，客户对于这样的自吹自擂非常反感。

糖糖是一家培训学校的市场销售，有一次她给客户打电话，推销学校新推出的课程。

糖糖："家长您好，我是 xxx 培训学校的销售人员。我们学校最近有个非常棒的课程即将推出，能尽快帮助孩子提高成绩，养成良好的学习习惯。"

客户："我听过你们学校，但是我和孩子曾经试听过你们的课程，感觉不是特别适合孩子。孩子觉得老师讲的内容不是很有趣，没有什么吸引力。"

糖糖："不会吧？我们的老师都是非常棒的，具有丰富的教学经验。可能是您上次试听的时间太短了，您这次可以听听我们的新课，肯定让您满意。"

客户："孩子的同学也报过你们的长期培训班，成绩提高也不是很快，都说你们的老师讲课不是很好。"

糖糖："啊，不会吧？是哪一位老师？我们最近新换了一批老师，都是聘请重点中学的老教师，非常具有教学经验，绝对能帮孩子提高成绩。”

客户:“是吗？你们现在说得天花乱坠，但是报名之后也没见有那么好的效果。”

糖糖:“我们的老师都是一流的，讲课在全国都赫赫有名，我保证对于孩子的学习绝对有效果。”

客户:“我们再考虑一下吧。先这样吧，我还有事要处理。”

看看这位销售人员说的话，“重点中学的教师”“全国赫赫有名”“绝对能提高孩子成绩”，这些都是自我夸耀的话，且有夸张的嫌疑。本来客户就对学校的师资和水平有所怀疑，糖糖在和客户沟通的时候还自我夸耀、自吹自擂，怎能让客户对她有信任感？怎能让客户不更加怀疑呢？

这时候，销售人员不应该否认事实，继续“王婆卖瓜，自卖自夸”，而是站在客户立场，从自身找原因，真诚地分析给客户听。如果继续自我吹嘘，只会让情况越来越糟糕，失去客户的信任。

或许糖糖说的话有真实的成分，学校真的换了老师，聘请了出色的老师，但是也不能如此自吹自擂。她应该先向客户表示歉意，说学校之前确实存在问题，但是现在已经进行了整改，教师水平有所提升。如此，客户才能看到她的真诚，有再尝试一次的想法。

也就是说，我们应该展示和夸耀自己的产品，让客户了解我们的优势和长处，但切勿炫耀、夸大产品。否则，只会给客户留下不好的印象，甚至失去和客户合作的机会。

那么，销售人员如何才能避免自吹自擂，真正赢得客户的信任呢？

1. 顺从客户，满足客户的心理

当销售人员介绍产品的优势和长处时，客户很可能对产品持有怀疑的心理，并且毫不客气地提出质疑。有的客户甚至是有情绪和偏见的，故意为难。

这时候，销售人员不要急于和客户争论，更不要为了达成销售目的而继续夸耀自己的产品，这可能会让你失去销售的机会。因为客户的排斥心理已经产生，你越是夸耀产品，他越是觉得你说假话。

我们要做的就是换一个角度来思考问题，顺着客户的心理去沟通，这样才能满足客户的心理需求。客户的心理需求得到满足，他才会对销售人员和产品改变态度，更容易听进去销售人员的话。

等到安抚好客户的心理之后，我们再把话题引到产品上来，继续阐述产品的优势，客户就会很容易地被说服。这样一来，我们的成交率就能大大提高。

2. 不打断客户，真诚相待

销售人员总是不断地说产品的好处，而客户总是不断地说产品不好。这样一来，双方就会产生分歧和争议。

但即便如此，销售人员也不能随意插话，告诉对方他的观点是错误的。一旦这么做了，客户马上会产生这样的想法："你这么不尊重我，是觉得我说的话不值得你倾听吗？""你这么着急打断我，是不是做贼心虚？"

所以，不要随便打断客户，不妨悄悄记下客户所说内容的要点，然后等到自己发言时再有重点地反驳，这样效果反而会更好。

同时，让客户把话说完也是一种礼貌。在与人沟通中，如果能做到以礼相待，向客户表明你尊重他们的意见和反馈，在接下来的交流中，对方也会自觉地以礼相待。就算是有意见，他也不会那么偏颇、毫不留情了。

3. 说话谦虚，实事求是

同一句话用不同的措辞表达出来，能传达出不同的态度。为了赢得客户的好感，

销售人员在与客户沟通时，尽量谦虚低调，实事求是，切不可夸夸其谈、自吹自擂。

在阐述产品的时候，用客观、中性的词语来说明产品的优势和长处，并尽量实事求是地表明产品的劣势和缺点，不要一味地“老王卖瓜，自卖自夸”，更不要夸大其词。

同时，销售人员还可以利用第三者的口吻来阐述产品的优势，比如“某报纸上有关于我们产品的报道，说我们产品……”然后向客户展示报纸和新闻。这样就比销售人员的自我夸耀更有说服力；我们还可以这样说：“这款产品的客户反馈非常好，很多回头客都说……您可以向这些老客户打听打听。”

每个销售人员都对自己的产品有信心，觉得它是“天上有、地上无”。但是和客户沟通的时候，销售人员不能过分地吹嘘自己的产品，而是应该学会灵活运用语言的表达方式，让客户也认同你的观点。

客户面前，别说对手坏话

市场上的产品多种多样，即便是同类产品，也会有无数个品种。如此一来，客户接触的产品就会越来越多，并且难免拿你的产品和竞争对手做比较。有的客户甚至还会问出这样的问题：“你们公司的产品和 ×× 家的产品有什么不同？谁的更好一些？”“与 ×× 品牌的产品相比，你们有什么优势？”

同行业产品之间的竞争异常激烈，销售人员之间的竞争也异常激烈。所以，很多销售人员很难做出公正的回答，通常会突出自己产品的优势，甚至有些人还会说竞争对手的坏话，贬低其产品。

这样的做法是错误的，也没有职业道德。要知道，你在客户面前说对方的坏话，并不会给自己的销售带来什么好处。这不仅不能让你赢得客户的订单，反而还会让客户产生反感，对你的品行产生怀疑。

所以，在回答这种问题时，我们要做到客观公正，既要突出自己家产品的优势，又要客观地评价竞争对手，让客户对你刮目相看。

小秦开了一个家装材料的商店。这天店里来了一位客户，说要买一些油漆，准备重新装修房间。

小秦告诉客户说："您用这一款油漆吧，虽然价格高点儿，但是安全性好，绿色环保，质量可靠，销量一直非常好，很多老客户都喜欢用。"

客户说："你说的是真的吗？说实话，最近我在另外一家店面买了一款油漆，价格也不便宜，可没过多久就出现了裂纹。幸亏我只买了一桶，并且只是尝试了一下，要不然等到房子都装修好了，那就麻烦了。"

小秦笑着说："这款油漆质量非常好，您就放心用吧。它是经过严格检测的，而且有质量达标报告，保证不会出现裂缝的情况。您说的那种情况也比较常见，据我所知，通常是油漆里含有的甲醛过量造成的，也可能是因为其他问题。您买的是什么牌子的油漆，还记得吗？”

客户立即说：“就是××品牌，你是做这个的，应该知道这个品牌吧？这个品牌是不是甲醛过量？是不是不太环保？”

小秦一听，发现这个油漆正是自己代理品牌的竞争厂家。两个品牌一直都是竞争对手，市场争夺也很激烈。但是他并没有说那个品牌怎么不好，也没有断定就是甲醛过量才导致了裂纹产生。

看到客户不放心的样子，小秦对客户说：“这个不太好说。您把家里剩下的油漆拿过来吧，我这里有测试工具，可以测试一下我的产品和他们的产品。这样一来，我们就可以知道它的甲醛是否过量，同时还能测试一下我们的产品是否环保。”

客户听了小秦的话，果然拿了一些油漆来。小秦当场测了两个品牌的油漆，真的发现那款油漆的甲醛有些超标，而自己产品的各项指标都合适，非常安全。

最后，这位客户当场就买了几桶油漆，而且还成为小秦的老客户。

如果你是小秦，会怎样回答客户的问题？或许很多销售人员会直接说那款油漆的甲醛超标，产品不环保，然后再说自己的产品如何环保、如何好。可这样一来，客户就真的信吗？或许客户还以为他是故意贬低对手的产品，夸耀自己的产品呢。

想要真正赢得客户的信任，我们应该客观评价，如果对手有优势和长处，我们就应该实事求是地指出来。即便对方的产品有问题，销售人员也不要马上贬低竞争对手，夸赞自己，而是如实回答，有理有据，用证据说服客户。就像小秦一样，用检测数据说话，让客户自己分辨出优劣来。

当然，不要随便贬低竞争对手，基于以下两方面的考虑。如果对方销量不太好，客户会觉得这是墙倒众人推，而你是其中一员；如果对方销量不错，口碑也很好，客户会觉得你是不值得信赖的人，至少在职业道德和品行上是不太合适的人。

那么，销售人员究竟应该如何评价竞争对手呢？

1. 学会客观评价，尊重对手也尊重自己

同行之间有竞争，非常正常。销售人员不要以为自己贬低了对手，就能得到客户的信任和青睐。

事实上，客户更欣赏的是懂得尊重对手的销售人员，这是一个销售人员有职业道德、品行良好的体现。而不懂尊重对手，甚至对竞争对手带有敌意的贬低，就说明这个人品行和道德存在问题，最起码是没有职业操守。这样的人怎能赢得客户的信任呢？

所以，销售人员要学会客观评价，尊重对手，既能够指

出对方的优势，也能客观说出对方的缺点。因为客户更希望通过专业人员的客观对比，得到更多有价值的信息，满足自己的需要。

况且，在销售中，客户对同类产品进行对比是不可避免的。你的产品真的有优势，怎会怕客户的比较，不能赢得客户的青睐呢？

2. 大度的评价能得到客户认同

事实上，并不是竞争产品的差评越多，客户就越认可我们的产品。影响客户选择的因素有很多，包括感情倾向、人际关系压力、销售人员的表现等。

所以，有时候我们会发现这样的情况，我们的产品在质量、价格以及售后上都比对手有优势。但是客户最后却选择了别人的产品。这是为什么呢？很多时候，这和销售人员的表现分不开，很可能是销售人员没有赢得客户的信任。

大度地评价对手的产品，是赢得客户信任的最佳机会。俗话说宰相肚里能撑船，为人处世大度一些，通常会有意想不到的收获。销售人员的大度，可以体现在对竞争对手的评价上。

当我们应客户的要求评价对手的产品时，如果能够拿出自己的专业性知识，客观地分析行业和产品的特征，并且以行业标准为标杆，分析对手产品的优劣，通常更容易获得客户的认可。

同时，如果客户已经决定购买你的产品，却又抛出这个问题，销售人员的大度回答依然会给自己加分，增加人格魅力。

总之，在客户面前说对手坏话，贬低对手的产品，绝对是销售中的大忌，我们千万不可踏入这个雷区。

别在情绪失控时说出错误的话

人在什么情况下会说出“甜言蜜语”？肯定是心情愉悦的时候。那么反过来想，一个人在情绪欠佳或是失控的时候，说话的语气和方式也会受到影响，很可能说出不合时宜的话语。

这是因为，经过心理学家的研究表明，每个人都会受到情绪的影响，包括言谈、行为、思考等。即便是一个非常理智的人，如果情绪欠佳，也会控制不住自己的脾气，不能做到理性思考和做事。

所以，销售人员应该控制好自己的情绪，避免在情绪失控的时候说出错误的话，以免造成不良后果。

韩雷在一家生产包装盒的公司做销售人员，经过努力的工作，他的业绩还算不错。

有一次，他负责和一个品牌珠宝公司洽谈业务，双方经过多次商谈，达成了初步的合作意向。韩雷觉得自己的好日子马上要来临了，只等着双方签订合同，自己就可以拿到一大笔销售提成。

但是，等到韩雷拿着精心准备的合同找客户签约的时候，客户却改变了态度，说现在暂时还不能签合同。韩雷感到非常奇怪，明明是已经谈好的事情，对方怎么说翻脸就翻脸呢？这让韩雷感到非常生气，觉得对方不讲诚信。

于是，他生气地质问客户："我们前几天不是已经达成共识了吗？为什么你们会出尔反尔？难道有什么新的情况发生吗？"

谁知对方却说："我们公司这几天正在清理库存产品，发现仓库中还有一批礼品盒，是管理员忘记登记了。现在，我们需要等那些礼盒都用完了，再重新购买新的产品。所以，对于这件事情我们感到非常抱歉，暂时不能和你签约了。但是顶多再过一个月，我们就会和你签约的。"

韩雷认为客户是在找借口，但是话已经说到这个份儿上了，自己就算再生气也解决不了问题！毕竟人家说以后还会合作的，再过一个月就签合同，自己又何必得理不饶人呢。所以，韩雷只能努力控制自己的坏脾气，和客户约好了下个月再来签合同。

韩雷左等右等，终于熬过了这一个月时间。可等他再次拿着合同来拜访客户的时候，客户却和上次一样拒绝在合同上签字，并且有意告诉韩雷，另外一家供应商也有意和他们合作，价格要比韩雷公司的便宜很多。所以，他们更倾向于和另外一家供应商合作。

这一次韩雷真的愤怒了，他感觉自己马上无法控制自己的情绪了，会随时破口大骂，可能还会摔东西。但就在他想要发作的那一瞬间，他猛然想起一件事情：

韩雷之前不是销售部的员工，而是一直在行政部门工作。但是他和行政部门的领导的关系出现了问题，发生了一些冲突和矛盾，所以才要求调到了销售部门。

至于为什么和行政领导关系不和，他觉得自己也挺委屈的。在行政部门的时候，他工作态度很好，能力也很不错，领导和同事都非常喜欢他。几年的时间，他做出了不错的成绩，能力成长也非常快。

后来，行政部领导说公司会为表现不错的员工升职加薪，并几次暗示他工作能力不错，有加薪的可能。韩雷也一直觉得自己能力不错，肯定会加薪。但是没想到的是，他的工资不仅没有增加，反而比之前少了三百块钱。

这一极大的心理落差，让他一气之下决定找领导问个清楚。当时，他非常愤怒地推开领导办公室的门，非常愤怒地质问领导，根本没注意到沙发上还坐着一位重要客户。这不仅让领导下不来台，还差点儿搞砸了这笔生意。所以，韩雷和领导之间产生了隔阂，让他无法在行政部门待下去了。

他来到销售部好几个月之后，才从别的同事嘴中得知事情的真相：原来领导是要给他加薪的，但是那个职位的工资由多部分组成，他在工资条上看到的只是基本工资。后来因为他犯了错误，领导才又改变了之前的决定。

韩雷也很后悔，后悔没有控制自己的情绪，在冲动之下做出了不理智的行为。如果他当初控制好自己的脾气，或是情绪稳定下来之后再去找经理，一切就会不一样了。

想到此，韩雷不断告诫自己，这一次千万不要重蹈覆辙，千万不能在情绪失控时乱说话，否则说错的话就无法挽回了。于是，他暗暗地深吸了一口气，调整好自己的情绪，平静地问客户："王总，既然您说有合适的供应商，那您方便把那家公司的名字告诉我吗？我想知道，我们公司和那家公司的差距在哪里？"

客户毫不介意地说出那个公司的名字，韩雷听了之后，说道："这个公司我知道，他们的产品在价格上确实比我们更有优势。但是相信您也看过他们的样品，我觉得不管是在用料还是做工上，我们公司的产品都更胜一筹吧？"

客户坦诚地说："虽然细节上是有一点儿差距，但是我觉得这并不影响什么。"

韩雷冷静地说：“我和您的看法不太一样。贵公司销售的是高档珠宝，面向的是高档客户，理所应当选择优质的包装，这样才能凸显产品的档次。您想，客户到您这里购买了一件价值上万的首饰，但是您提供的包装盒却有明显的瑕疵，这样一来，客户能够满意吗？这不影响贵公司产品在客户心中的形象吗？”

见客户有所犹豫，韩雷继续分析说：“您肯定知道买椟还珠的故事。有时候包装比商品本身更吸引人，更具有价值。如果因为一个包装盒，而让客户对贵公司的产品产生怀疑，那肯定是不值得的。您觉得我说的有道理吗？”

听韩雷如此分析，客户改变了原来的想法，主动要求看看韩雷带来的合同，最后还爽快地签了字。韩雷则十分庆幸自己控制住了坏情绪，没有因为情绪失控而说错话，不然这将又是他职业生涯中不可挽回的一幕。

有好心情就会有坏情绪，我们允许坏情绪的到来，但是要学会控制住自己的情绪，避免让情绪失控，因为冲动就是魔鬼。

情商高的人更擅长交际，更容易受到人们的欢迎。并不是因为他们的口才有多好，而是他们懂得尽量控制自己的情绪，避免在情绪失控或是情绪欠佳的时候说话。作为销售人员，我们理当做到这一点，如此一来，还愁得不到客户的欢迎吗？

小心言行，切勿在最后关头得意忘形

眼看胜利在望，马上可以签订合同了，这时销售人员肯定抑制不住内心的喜悦和激动。这里要提醒大家，越是在最后关头，我们就越不能得意忘形、掉以轻心，做出不合时宜的事情。

在这个世界上，没有毫无缘由的成功，也没有无缘无故的失败。很多销售人员不明白，为什么客户已经答应签约，并且马上就要付出行动，却在最后关头反悔了？其实，他们不知道的是，是他们自己的一些言行给客户留下了不好的印象，以至于把原本愉快的合作给搅黄了。

比如，嘴角一丝不屑的冷笑，让客户心中不适；偶尔翘起来的二郎腿，让人觉得不谦虚；谈话时不小心说出的口头禅，让对方觉得没有素养……种种细节都有可能让本来笃定的合作变成飞走的气球。

所以，销售人员要记住一点：只要合同没有签订，和客户沟通和谈判的时候，都应该注意自己说话的语气、小动作甚至姿势，切勿因为得意而忘了形。

赵磊是一家公司的销售副总，主要负责公司大客户的接待和洽谈。有一次，他和某知名集团的老总直接洽谈业务，经过一个多月的沟通，对方才答应前来考察。

对于这一次考察，赵磊团队非常重视，声称一定要拿下这个订单。在整个接待过程中，赵磊和属下不敢有丝毫懈怠，热情周到地接待了对方，并且集合了最专业的谈判队伍。而对方公司老总也认可了他们的工作和努力，对赵磊和公司产品产生了信任和好感，并且痛快地答应和赵磊签合同。

按照公司惯例，签合同之前，公司要设宴款待贵客。赵磊觉得已经和客户说好了合作，就不会再出现变数了，于是就让自己放松甚至放纵起来。在宴会上，赵磊一开始还对对方公司老总彬彬有礼，可几杯酒下肚之后，他就和对方称兄道弟起来，拍着肩膀直呼对方姓名。此时这位老总脸上已有不悦之色，但赵磊并没有觉得有什么不妥，心想反正双方已经是合作关系了，之后肯定有频繁的接触，还那么拘谨干吗。

宴席上，这位老总几次表示自己不胜酒力，以茶代酒，但是赵磊却执意要和他多喝几杯，甚至大声嚷嚷地说：“兄弟，咱们感情好就得喝个饱。你这推三阻四的，也太不爽快了。咱大老爷们，喝点儿酒有什么？你要不想给你哥我这个面子，你就不喝！”话说到如此，这位老总面露难色，也只能应付一下。谁知赵磊喝完后，他在一边煽风点火，让属下挨个敬酒。这位老总几次表示身体不适，想要早些结束宴席，都被赵磊拦了下来。

后来，这位老总被灌了许多酒，当场因为身体不适而呕吐了起来。可赵磊还在一旁哈哈大笑地说：“兄弟，你酒力不行，就不要喝这么多了！你说你这么大男人，竟然连这点儿酒量都没有。”

第二天，赵磊按照约定好的时间，在公司等着这位老总前来签约。可他们左等右等也没有等来对方，只等来了一通电话。这位老总说：“赵总，谢谢您昨晚的盛情款待。我公司出现了紧急状况，今天必须回去处理。咱们合作的事以后再说吧！”说完就挂了电话，根本没有给赵磊说话的机会。赵磊顿时气得拍桌子，说客户出尔反尔……

赵磊到最后都不知道客户为什么突然翻脸。其实，原因很简单，就是因为他自以为胜券在握，在最后关头放肆了自己的言行，忘记了应该具备的礼仪和尊重——因为得意忘形而在酒桌上大肆劝酒，为难和贬低客户，忽视了说话和做事的尺度与界限。而得意忘形的结果就是，煮熟的鸭子白白地飞走了。

人们常说，每临大事有静气。就是告诉我们，越是在成功之前，我们就越应该让自己沉着冷静下来，切不可因为胜利即将到来而忘乎所以。兴奋的情绪和放松的心态会让我们放松警惕，暴露自己的缺陷，从而做出不合时宜的事情，说出不合时宜的话而不自知。

不管什么时候，销售人员千万要保持冷静，不要在即将到来的胜利面前忘了自己的工作职责和礼仪。因为我们一旦冒犯到客户，不考虑客户的感受，之前所有的努力和功夫就都会白费。就算我们之前表现得再完美，客户也会因为最终接触到“恼人的真相”，而毫不犹豫地放弃之前的合作意向。

要知道，市场竞争激烈，同类产品那么多，客户才不会因为找不到合适的产品而感到烦恼，真正会后悔的只有销售人员。所以，在与客户沟通的过程中，我们要始终保持冷静的头脑、谦逊的态度，做到不急躁、不急功近利，才能获得最终成功。